U0832500

权威·前沿·原创

皮书系列为
“十二五”国家重点图书出版规划项目

工业和信息化蓝皮书
BLUE BOOK OF INDUSTRY AND INFORMATIZATION

世界信息化发展报告（2014~2015）

ANNUAL REPORT ON THE DEVELOPMENT OF WORLD INFORMATIZATION (2014-2015)

渗透、融合、创新、转型

主　编／洪京一
工业和信息化部电子科学技术情报研究所

社会科学文献出版社
SOCIAL SCIENCES ACADEMIC PRESS (CHINA)

图书在版编目（CIP）数据

世界信息化发展报告：渗透、融合、创新、转型：2014～2015/洪京一主编．—北京：社会科学文献出版社，2015.4
（工业和信息化蓝皮书）
ISBN 978－7－5097－7232－4

Ⅰ．①世…　Ⅱ．①洪…　Ⅲ．①信息化－研究报告－世界－2014～2015　Ⅳ．①G202

中国版本图书馆 CIP 数据核字（2015）第 047982 号

工业和信息化蓝皮书
世界信息化发展报告（2014～2015）
——渗透、融合、创新、转型

主　　编／洪京一
　　　　　工业和信息化部电子科学技术情报研究所

出 版 人／谢寿光
项目统筹／吴　敏
责任编辑／陈　颖

出　　版／社会科学文献出版社·皮书出版分社（010）59367127
　　　　　地址：北京市北三环中路甲 29 号院华龙大厦　邮编：100029
　　　　　网址：www.ssap.com.cn
发　　行／市场营销中心（010）59367081　59367090
　　　　　读者服务中心（010）59367028
印　　装／北京季蜂印刷有限公司

规　　格／开 本：787mm×1092mm　1/16
　　　　　印 张：14　字 数：183 千字
版　　次／2015 年 4 月第 1 版　2015 年 4 月第 1 次印刷
书　　号／ISBN 978－7－5097－7232－4
定　　价／69.00 元

皮书序列号／B－2015－421

工业和信息化蓝皮书
编　委　会

《世界信息化发展报告(2014～2015)》
课　题　组

课题编写　工业和信息化部电子科学技术情报研究所
信息化研究与促进中心

指　　导　高新民　徐　愈　秦　海　方欣欣　王学军
童腾飞

组　　长　尹丽波

副 组 长　周　剑　陈　杰

编写人员　高晓雨　黄小燕　李　强　殷利梅　张明皓
周　鹏　张　健　乔　睿　姬晴晴　王花蕾
何冰梅　张乔姝　王　岚　王琪斯

工业和信息化部
电子科学技术情报研究所

工业和信息化部电子科学技术情报研究所（以下简称“电子一所”）成立于1959年，是工业和信息化部直属事业单位。

围绕工业和信息化部等上级主管部门的重点工作和行业发展需求，电子一所重点开展国内外信息化、信息安全、信息技术、物联网、软件服务、工业经济政策、知识产权等领域的情报跟踪、分析研究与开发利用，为政府部门及特定用户编制战略规划、制定政策法规、进行宏观调控及相关决策提供软科学研究与支撑服务，形成了情报研究与决策咨询、知识产权研究与咨询、政府服务与管理支撑、信息资源与技术服务、媒体传播与信息服务五大业务体系。同时电子一所还是中国语音产业联盟、中国两化融合咨询服务联盟等多家社团组织的挂靠单位。

电子一所旨在通过不懈的探索创新，努力建设成为情报特色鲜明、服务体系完备、核心能力突出、体制机制健全、适合现代情报发展需求的新型科技情报研究机构，成为我国工业化、信息化、国防现代化进程中科学决策的思想库、自主创新的发动机、持续发展的助推器。

主编简介

洪京一　工业和信息化部电子科学技术情报研究所所长，高级工程师。主要从事工业经济、信息化、电子信息产业、软件服务业、信息安全等领域的战略规划和产业政策研究，主持完成工信部、发改委、科技部等部委及北京、天津、广东、河南等地方主管部门委托的数十项重点课题研究，主持编写《中国软件和信息服务业发展报告》《政府部门网络安全解决方案指引》《中国信息产业年鉴》等多部出版物。

兼任中国语音产业联盟副理事长，中国电子信息产业联合会常务理事，中国国防科学技术信息学会常务理事，国家物联网发展专家咨询委员会委员。

序　一

在信息技术的推动下，人类社会已经并正在加速进入新的历史时期。这个历史时期的主要特征是融合、智能、基于网络和大数据的资源配置平台。融合是全方位的，主要体现在信息技术和工业技术的融合、信息资源和材料能源的融合、人和机器的融合，在这样的融合洪流下，政治、经济、社会、文化、军事诸领域的发展模式和世界竞争格局发生重大变革；智能也是全方位的，产业、日常生活、教育和医疗、科研和设计、军事与战争、社会管理和公共服务正在并加速走向智能化，从局部的智能走向全局的智能；网络和信息结合在一起的大平台是这个新时代最关键的基础设施，这一大平台的拓展和影响也是全方位的，是融合和智能发生发展的基础，更是其效率和质量的关键要素。

这是全球性的历史变革。分析变革现状、梳理变革脉络、把握变革趋势是做出科学的、符合国情决策的基础，由工业和信息化部电子科学技术情报研究所组织编写、社会科学文献出版社出版的“工业和信息化蓝皮书”正是在这一方面做出的积极探索。这次出版的蓝皮书覆盖了制造业、信息技术产业、移动互联网、网络安全和信息化五大领域，既有全球动态，也注意立足国情；既有综合情况介绍，也有案例剖析，还有深入的重点问题专题研究，值得一读，更希望能持之以恒，越办越好。

是以为序。

2015 年 3 月 14 日

序　二

进入新世纪以来，信息革命和信息化有了别开生面的创新发展。信息产业已经成为影响国家核心竞争力的战略制高点，全球信息化正在朝着泛在化、宽带化和智能化的方向加快发展，网络空间建设和网络安全日益成为各国竞相关注的焦点。

在充满前所未有的创新活力的同时，全球信息化正在步入一个新的阶段，以更快的速度推进生产力的发展，促进生产关系的变革，重塑全球的政治、经济、社会、文化、科技和军事格局。世界主要国家和地区围绕移动互联、云计算、大数据、智能制造、网络空间、网络安全、信息经济等领域展开的新一轮博弈和竞争，再一次唤醒世人，信息化发展水平已经成为衡量国家、城市、企业，乃至个人的核心竞争力的一个不可或缺的重要方面。

过去十余年，中国的信息化取得了巨大的发展和进步，缩短了与主要发达国家在信息化领域的跨代差距。然而，迎面而来的新一轮信息化发展的大潮，犹如阵阵长鸣的汽笛，警示我们，信息化犹如逆水行舟，不进则退。如果我们不能紧追信息化的时代潮流，有效地利用和调度国内、国际的各种资源，我们与发达国家已经缩小的信息化差距，还有可能重新拉大。

2014 年 2 月 27 日，中央网络安全和信息化领导小组正式成立，由中共中央总书记、国家主席、中央军委主席习近平亲自担任组长，反映了党和国家领导人对我国网络安全和信息化发展的高度重视。习近平总书记指出，建设网络强国的战略部署要与“两个一百年”奋斗目标同步推进，向着网络基础设施基本普及、自主创新能力增强、信息经济全面发展、网络安全保障有力的目标不断前进。这标志着中国的网络空间和信息化发展进入了一个新的历史阶段，真正进入了一个“一把手工程”时代，一个中国信息技术和产业、网络安全和信息化建设大发展的时代。

信息革命和信息化在中国能否快速而健康的发展，还取决于两个重要因素。一是要准确地把握国外信息革命和信息化发展的趋势、方向和目标，认真地跟踪、研究和学习国外的经验和做法，广泛地开展国际合作和充分利用全球的人才和智慧。二是要清楚地认识到，中国信息产业和信息化建设的发展，必须从中国经济社会和信息化发展的实际情况出发，与中国经济、政治、社会、文化和科技发展的紧迫需求相结合，与维护中国国家安全的紧迫需求相结合，脚踏实地地前进。对于中国信息化的发展和进步，既不能妄自菲薄，也不能估计过高。中国信息化的大厦，不是空中楼阁，是要“一块砖、一块砖”扎扎实实地堆砌才能建立起来的，才能为中国的现代化发展奠定百年的根基。任何的浮躁和华而不实、盲目追风，以及不负责任的炒作，都可能为政府、企业的信息化努力带来灾难性的后果。这一点值得我们所有的信息化的推进者警惕。

工业和信息化部电子科学技术情报研究所是一个成立逾 56 年的资深研究所，拥有一支优秀的，训练有素、经验丰富、作风严谨的高端人才队伍，长期以来，为我国信息产业的发展做出了重要的贡献。近年来，在工业和信息化部的领导下，他们依托自身优势，密切跟踪全球工业和信息化领域的前沿动态，在广泛而深入研究、综合分析的基础上，连续多年推出相关领域的系列报告，颇有深度，不仅为政府决策和企业发展提供了重要的咨询和参考，也广受各有关方面的学者和读者的欢迎。2015 年，他们的相关系列研究报告首次以“工业和信息化蓝皮书”的形式公开出版，主题覆盖宽广、内容翔实丰富、数据图表完备、前沿探索富有成效。可以相信，无论是政府、企业还是学术界的读者都会发现，本书不仅可读性很强，而且是一本较具参考价值的工具书。当然，随着他们研究分析工作的不断深入，这套系列研究报告和蓝皮书的价值也还会不断地有所发展、有所前进。

值此“工业和信息化蓝皮书”付诸出版之际，谨以此序表示祝贺，并衷心地期待在本系列蓝皮书的影响之下，我国的新型工业化和信息化的理论和实践，能够有一个更快、更健康的发展。

2015 年 2 月 28 日于北京

前 言

信息化是当今全球经济社会发展的显著特征，是生产力提升和人类文明进步的时代动力。全球信息化正在广泛促进经济社会发展转型，切实推动生产方式转变，努力提升和优化传统经济社会发展水平，不断为人类社会创造出崭新的技术和商业成果，让所有人分享信息化带来的福祉。它正在引发当今世界的深刻变革，重塑世界政治、经济、社会、文化和军事发展的新格局。因此，加快信息化发展，已经成为世界各国的必然选择和共同任务。

2014 年，世界信息化发展特征更加凸显，“渗透、融合、创新、转型”成为2014 年的关键词。信息化成为促进经济增长、产业升级、政府转型、服务优化、技术更新、城市可持续发展的不二选择，世界各国（地区）纷纷推动信息化在各领域的应用和发展。信息技术也以其惯有的革命性和颠覆性特征，对产业发展、政府治理、社会服务、媒体传播等多个领域的发展起到了巨大的作用，进而影响到相关产业的发展和政府的管理举措。

为了给领导决策和科研生产提供及时、有效的信息支撑服务，更好地为工业发展和信息化建设做出贡献，电子科学技术情报研究所信息化研究与促进中心联合各方面力量，对世界各国（地区）信息化发展情况进行了系统的跟踪研究。在此基础上，综合相关研究成果，推出了集动态跟踪和深入分析为一体的年度综述研究报告。

《世界信息化发展报告（2014 ~ 2015）》是自 2005 年至今，第十次推出的年度报告。2015 年版年度报告在综合各方面意见的基础上，侧重从互联网促进产业转型升级、电子政务、互联网创新社会服务、智慧城市、信息技术助力绿色可持续发展、互联网改变媒体传播方式等方面，总结归纳2014年世界信息化发展的主要进展，并对未来几年世界信息化的发展趋势进行了预测和展望。

在报告研究过程中，我们得到了政府部门以及业内专家的大力支持，在此向他们表示最诚挚的谢意。

由于时间和水平有限，错误和疏漏之处在所难免，恳请读者批评指正。

工业和信息化部电子科学技术情报研究所
信息化研究与促进中心
2014年12月

摘 要

《世界信息化发展报告（2014～2015）——渗透、融合、创新、转型》是关于世界各国（地区）2014年信息化发展状况的具有代表性、权威性的年度综述研究报告。本报告在系统跟踪世界各国（地区）信息化发展情况的基础上进行综合研究，重点讨论2014年度信息化相关领域的热门主题，对世界信息化发展的状况、政策、战略、重大研究与工程项目进行客观、公正、深入的分析、评估和预测，集动态跟踪和深入分析为一体，具有很强的前沿性和前瞻性。

该报告侧重从互联网促进产业转型升级、电子政务、互联网创新社会服务、智慧城市、信息技术助力绿色可持续发展、互联网改变媒体传播方式等方面总结归纳2014年世界信息化发展的主要进展，并对未来几年世界信息化的发展趋势进行了预测和展望。本报告共有文章11篇，总体结构如下：第一部分：总报告；第二部分：产业融合篇；第三部分：服务创新篇；第四部分：社会渗透篇；第五部分：专题研究篇。各篇中的文章视野宽阔、观点新颖、内容丰富、数据翔实，与现有的关于世界信息化发展的各种出版物在内容上互为补充，具有一定的指导性和可读性。

Abstract

" Annual Report on the Development of World Informatization (2014 – 2015) – Penetration, Integration, Innovation and Transformation" is a representative and authoritative annual review report on the development of informatization in 2014. On the basis of systematically tracking developments of informatization, this report carries out a comprehensive study of countries (regions) around the world, which focuses on hot topics in related fields of informatization in 2014 and conducted objective, impartial, in-depth analysis, evaluation and forecasting on developments of informatization, relevant policies, strategies, major researches and projects, combining dynamical tracking and in-depth analysis as a whole, thus strongly on cutting edge and forward-looking.

The report concentrates on the Internet promoting industrial restructuring and upgrading, e-governance, Internet-innovated social service, smart city, information technology helping with green and sustainable development, the Internet changing the spreading way of mass media and other aspects to summarize the main developments of informatization in the world in 2014 and make predictions and forward-looking of the developing trends of informatization in the next few years. This report contains a total of 11 articles, the overall structure is as follows: Part I: general report; Part II: industrial integration; Part III: service innovation; Part IV: social penetration; Part V: case study. The articles all have a wide viewpoint, novel and rich in content, with informative data as complementary contents of existing publications in the field of informatization development, thus of guidance and readability.

目录

𝔹 I 总报告

BⅡ 产业融合篇

BⅢ 服务创新篇

BⅣ 社会渗透篇

BⅤ 专题研究篇

皮书数据库阅读使用指南

CONTENTS

Ⅰ General Report

Ⅱ Industry Convergence

B III Service Innovation

B IV Social Influence

B V Special Topics

总 报 告

General Report

B.1

2014年世界信息化发展现状及展望

高晓雨 王岚 乔睿*

摘 要： 2014年，全球信息化发展进一步凸显“互联网化”的特征，其中，以移动互联网和大数据为主要支撑的泛在化、智能化发展异常迅猛。本年度网络基础设施和信息技术应用进一步普及，向农村等边远地区延伸。信息技术向生活服务各方面渗透，移动互联网、云计算、社交网络和大数据等互联网新技术之间的融合应用和模式创新层出不穷、发展迅速。各国政府十分重视5G移动通信的研发创新，并在开发利用大数据产

* 高晓雨，工业和信息化部电子科学技术情报研究所工程师，硕士，专注于信息化战略研究；王岚，工业和信息化部电子科学技术情报研究所工程师，硕士，从事信息化战略研究；乔睿，工业和信息化部电子科学技术情报研究所工程师，硕士，从事信息化战略研究。

业方面做出了重要部署。互联网推动传统产业改造升级，开放数据成为政府打造“以公民为中心”服务的重要途径。网络空间安全提升至新高度，美国终于承诺对 ICANN 放权。

关键词：宽带 4G 5G 互联网+网络空间管理

一 信息基础设施建设向偏远地区渗透，宽带覆盖率大幅提升

国际电信联盟于 2014 年 5 月 5 日发表的一份报告称，预计到 2014 年年底，全球的互联网用户将达 30 亿人，互联网在全球用户中的普及率将达到 40%，但在这其中，发达国家的互联网普及率将达 78%，而发展中国家的普及率仅为 32%。此外，目前仍接触不到互联网的人口有 90% 以上分布在发展中国家。

同时，国际电联这一报告也指出，2014 年底全球的移动宽带普及率将达到 32%，各地区按照普及率从高到低排列，依次为欧洲地区（64%）、美洲地区（59%）、阿拉伯地区（25%）、亚太地区（23%）和非洲地区（19%）。发达国家的移动宽带普及率将达到 84%，为发展中国家的 4 倍。

2014 年，无论是发达国家还是发展中国家都力推移动互联基础设施的建设。美国四大运营商的 LTE 网络覆盖范围不断改善，4G 网络上的数据传输速度不断提高，数据表明，T－Mobile 公司过去三个月平均数据传输速率为 11.5Mbps，AT&T 的数据传输速率为 9.1Mbps，Verizon 公司传输速率为 7.8Mbps，Sprint 数据传输速率最慢为 4.3Mbps。美国已经一举超越移动网络的先驱欧洲，在采用 4G

技术方面领先全世界。

欧盟2014年再次展开了对《数字化议程》的评议，根据最新统计数字，在该议程的101项目标中有95项进展良好，而目前进度落后的项目主要集中在以下几个方面：偏远地区宽带普及工作落后，拥有高速宽带接入的偏远地区家庭仅占18%；小型企业在线销售渠道不畅，有在线销售渠道的小型企业（雇员少于250人的企业）仅占14%，没有实现到2015年达到33%的既定目标；电子政务服务普及率增长停滞，使用电子政务服务的人口占总人口的42%，这一比例在上次统计后几乎没有增长。信息基础设施建设向偏远地区的进一步渗透成为解决数字鸿沟问题的重要切入点。

1. 农村宽带覆盖

信息基础设施与信息技术已经被视为促进偏远地区和农村地区发展的关键。2014年，美国FCC拨款1亿美元用于资助企业研究低成本农村宽带的解决方案。该笔资金主要包括三个用途：7500万美元用于为尚未接入宽带服务的地区提供试验性的宽带服务，宽带速率为25Mbps（下行）到5Mbps（上行），价格为每月50~200美元；1500万美元用于为接入成本更高的地区提供宽带服务，速率为10 Mbps（下行）到1Mbps（上行）；1000万美元用于为接入成本极端昂贵的地区提供宽带服务，速率为10 Mbps（下行）到1Mbps（上行）。2014年，为进一步提升农村地区的宽带覆盖率，英国政府投资1000万英镑推出了一项农村宽带测试计划，该计划的资金来自英国政府此前宣布的总额为2.25亿的农村宽带项目。计划的目标是到2017年将英国超高速宽带覆盖率提升到95%，计划的主要内容是进行光纤宽带替代技术的测试，在边远地区普及宽带服务。计划的具体做法有：用基于4G技术的“固定无线网络”实现超高速宽带覆盖、用宽带集成箱将直通房屋的光纤集中起来再分送进网、减少铜材料的使用、进一步应用卫星技术等。该计划的测试工作主要集中在三个方面：测试并选出能够充分解决农村宽带覆盖问题的技术，测试降低私营力量参与程度的运营模式是否能在部分地区实现超高速宽带的顺利部署，以及测试并选出能有效鼓励农村宽带网络投资的公共/私营基金模式。

在非洲，对于宽带的需求每年都以成倍的速度增长，这个速度远超过当地电信光纤建设的速度。因此，商业卫星运营商有必要建设更多的光纤线路，将其连接到运营轨道。肯尼亚移动运营商 Safaricom 正向搭乘私人中巴车的肯尼亚民众提供免费的 Wi – Fi 接入服务，以换取更多的民众签约使用该公司的付费服务。目前在肯尼亚，提供免费 Wi – Fi 接入服务的私人中巴车上座率要高于没有 Wi – Fi 接入服务的中巴车。提供免费 Wi – Fi 接入服务是 Safaricom 的试验之一，旨在让非洲还没有联网的用户能够登录移动网络。Safaricom 已向肯尼亚大约 3000 辆中巴车推出了免费 Wi – Fi 接入服务。

2. 加强宽带服务在各行业的应用

2014 年，新加坡资讯通信及媒体发展总体规划指导委员会拟定了新加坡 ICT 产业与媒体业 2016 ~ 2025 年的发展计划。该计划分为以下三个部分：一是建设全国性的“异构网络”，使移动终端能够随时自发探测、选择速度更快的无线连接，提高无线网络数据传送的整体稳定性；二是推广智能医用传感设备，提高医疗看护的自动化水平；三是在小学至高中的教育中增加编程相关的学习内容，培养青少年对科技和数字媒体的兴趣，扩充新加坡的未来科技人才储备。

新加坡电信监管机构资讯通信发展管理局（IDA）联合该国电信运营商 M1 打造“光纤水龙头”网络项目，利用信息技术改造升级现有的基础设施，让政府机构能够快速、经济地在室外如公交车站、公园和道路上部署智能设备和服务。

M1 安装大约 100 个地上箱子，并将它们连接到 100Mbps 的企业级光纤网络，同时提供电力和空间来容纳多台计算机服务器。M1 公司产品开发和企业服务总监 Willis Sim 表示：“我们的想法是在室外站点连接传感器、摄像机和电子标牌，而不必挖掘道路铺设光纤网络、安装发电机或靠近一个建筑物。就像消防水龙头让消防队员应对火灾时不必担心后勤保障一样，我们希望看到一个全面的‘光纤水龙头’网络遍布新加坡，使政府机构能够快速、经济、高效地部署智能设备和服务。”

2014 年，美国的国家宽带计划仍在逐步推进过程中，年度的工作重点是进一步保证宽带网络服务的普遍获取、进一步提升宽带服务在公共领域发挥作用。FCC 先后拨款 21 亿美元，用于加大偏远地区、学校和图书馆网络覆盖。该笔资金是“E – Rate”计划的一部分，这一计划旨在对中小学和公共图书馆的电信和互联网设施建设提供联邦补助。此次“E – Rate”计划的调整与美国政府于 2013 年 6 月发布的“连接教育”计划是密切相关的。“连接教育”计划的主要目标是在 2017 年让 99% 的美国中小学生在校园内使用下一代宽带服务，主要内容有对全境中小学校舍和图书馆进行新一代高速宽带网、无线网升级，促使和支持中小学教师利用数字技术开展教学活动，推动社会力量在教育领域进行技术创新和工具研发。

二　移动互联网融合各领域，社会服务质量显著提高

2014 年，全球进入移动互联网时代，4G 技术飞速发展，各国大力推动 4G 商用。英国运营商 EE 公司新增 2.75 亿英镑（约合 4.57 亿美元）用于扩大英国主要道路及交通枢纽的 4G 网络部署，并提高主要道路上的语音通话覆盖率。此外，EE 公司还将在 4 个城镇新增 4G 网络部署。主要干道包括从伦敦尤斯敦火车站到伯明翰、曼彻斯特、利物浦和格拉斯哥的铁路线上将部署 4G 网络。在英国南部，从伦敦维多利亚火车站到布莱顿火车站也将有 4G 网络覆盖。EE 公司

已于2014年向“欧洲之星”提供4G服务。同时，EE公司还将在英国的18个机场部署4G网络，包括希思罗机场、盖特威克机场、伯明翰机场和布莱克浦机场等。

新加坡电信计划推出全球首例峰值速率达到300Mbps的4G商用业务。目前在国家博览中心、武吉士地铁站和樟宜机场周边地区已经实现了LTE－A网络的覆盖，2014年8月底前覆盖范围扩大到市政厅、中央商务厅、果园等区域，10月底前覆盖新加坡一半以上的城市，预计2015年第一季度实现LTE－A网络的全国覆盖。

智利政府也开始推动移动互联基础设施建设。2014年，智利的电信监管机构Subtel分别向国内的三家移动运营商分配了700MHz无线频谱，这些移动运营商开始部署全国性的LTE网络，预计在18个月之内将覆盖至少1281个偏僻的城镇和超过500所学校，同时，智利移动互联网的市场规模及用户体量继续高增长。

移动互联网与传统产业融合的范围已经扩大到了医疗、餐饮、美容、法律咨询等行业。互联网女皇Marymeeker发布的2014年互联网趋势报告数字显示，全球的移动用户总数已达52亿，其中中国的移动互联网用户数已占中国互联网用户总数的80%。社交网络应用已逐步进入微视频时代，继Facebook和Twitter公司在2013年首先推出视频分享服务之后，中国的腾讯微信也在2014年9月底加入了视频上传和分享的新功能。报告称，目前用户在移动设备上进行视频分享的频率和观看视频的时间都在直线增长。由此可见，未来社交元素将成为各大视频平台的主流发展趋势之一。

平板电脑出货量同比增长11.5%，达到5380万台。2014年，智能终端设备蓬勃发展，全球知名互联网公司纷纷推出智能眼镜、手表、手环、环境监测设备、医疗设备等新产品，让消费者应接不暇。用户的消费行为逐渐向移动互联网迁徙，用户的需求和选择越来越多。在分析用户需求时，可以借助大数据技术，以便更好地制定相应的战略和策划。在移动互联网时代，原生广告——与 APP 外观、形式、内容实现完美融合的广告，将成为移动广告中的主力。由于原生广告能在 APP 与用户互动的过程中实现信息的传递，因此用户的接受程度较一般广告更高；同时，原生广告能够获得 APP 收集的用户点击、观看行为数据反馈，因此也更有助于广告商对目标用户的筛选。随着用户信息行为的多渠道化、碎片化，广告产业也逐步进入了多屏时代。2014 年，市场调查公司 Ipsos、Sterling Brands 与谷歌联合进行了一项关于媒体消费行为的调查，结果显示美国民众用于媒体消费的平均时间为每天 4.4 小时，而这些时间中的 90% 都用于进行跨屏的媒体消费。因此，不同屏幕间的无缝链接将是移动端广告的主要发展方向。此外，LBS 服务模式能够通过地理位置定位信息将广告投放的精准度提升两倍以上，LBS 相关技术的不断进步也是移动广告未来发展的重要助力。

三　大力推动5G 技术研发创新，大数据市场呈现井喷式增长

2014 年，欧盟全面发力 5G 技术研发领域，欧盟预计在 2040 年出现 5G 数据流量高峰。鉴于此，目前欧盟推出了七个项目探索 5G 技术部署方案，包括 2020 年信息社会移动和无线通信助推器项目，旨在研究未来移动和无线通信系统发展相关问题；演进的移动通信网技术项目，旨在研究物联网和异构网络等。另外还有移动云组网等项目。为支持该计划，欧盟所部署的投资达 5000 万美元。

韩国教育科学技术部预计，2020 年以前，5G 的成功商用将给韩国未来（2020～2026 年）工业带来 331 万亿韩元的增长。韩国第五代通信网络测试时间将早于世界其他国家，如俄罗斯的 VimpelCom 计划将于 2018～2020 年启动首条 5G 网络测试，比韩国略晚。韩国大

型运营商，包括 SK 电信、韩国电信以及其他地区运营商、通信和移动设备制造商三星电子和 LG 电子公司，已经开始在 5G 领域的研发。其中，三星电子在 2013 年 5 月已经利用 64 个天线单元进行了每秒 1G 的数据传输测试。

2014 年，大数据技术在医疗、交通等行业的创新使用愈来愈多。但总体来看，全球大数据发展正处于起步阶段，大数据技术处在早期实践阶段。根据 Gartner 的“技术成熟度曲线”，现阶段大数据技术的发展正在逐渐接近大数据技术“期望膨胀期”的顶峰，并将在未来 5 ~ 10 年达到“成熟期”。

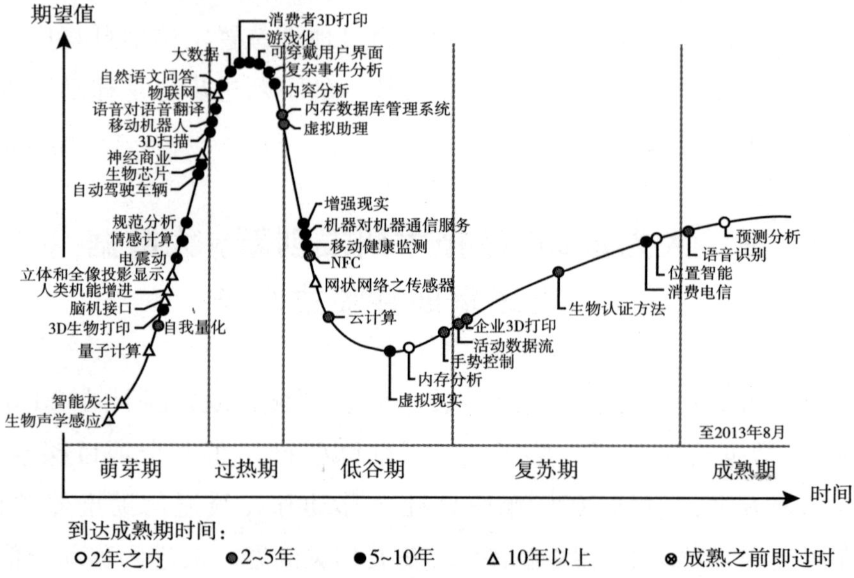

图 1　技术成熟度曲线

资料来源：Gartner。

调查结果显示，大数据技术在经合组织中的欧洲国家已经通过减少政府公共管理机构开支、减少低转移支付、增加税收创造了 1500 亿 ~ 3000 亿欧元的经济价值。英国的医疗保健局宣布将收集英格兰全境医疗机构的病例资料和1100万份档案记录，建立目前世界上最大的癌症患者数据库，基于大数据针对不同种类、不同情况的癌症进行治疗方案设计，并与其他医疗保健数据库实现数据的共享。根据相关统计数据，大数据技术每年为美国的医疗领域创造3000亿美元潜在价值，为公共管理部门每年创造2500亿美元的潜在价值，为制造业降低50%的产品开发和装配成本，为零售业增加60%的营业额，更在个人地理位置数据领域每年开辟1000亿美元的市场。

四 “互联网+”推动传统产业转型升级，开放数据助力政府提升公共服务水平

2014年，发达国家对世界经济的主导力重新增强，发挥作用意愿和空间增加，政策协调能力提升，形成了一系列高品质顶层设计。以此为出发点，美国等发达国家利用其对世界经济较强的影响力，对当前世界经济中发达与发展中国家各自为政的局面进行调整干预，企图为构建新的世界经济治理网络打基础。

发达国家调整节奏加快，转型升级的潜能不断激活。其关键在于较成功地找到了政府与市场的结合点，形成了一套以“科技革命、产业革命竞相迸发”为代表的优秀理念，着力降低阻碍转型发展的生产成本、机会成本和交易成本。最终体现为以美国为代表的发达国家在技术转让和再工业化上的火力，以及吸引其他国家竞相效仿的向心力。

“互联网+”的概念在2014年开始崛起，不断影响着包括工业在内的各个传统行业，推动传统产业改造升级。产业互联网建立在信息通信技术的进步、物联网的发展以及大数据分析水平不断提高的基础之上，通过实现互联网与物理生产系统的有效融合实现生产与服务模式的转变，借助在各行业（如制造、交通、运输、农业、教育、

医疗等行业）领域实现互联网化，最终形成全部产业的智能化融合。

在工业领域，2014 年，美国 AT&T、IBM、通用电气、英特尔和思科在美国波士顿宣布成立了工业互联网联盟（IIC），该联盟成立的主要目标是打破存在于各家公司之间的技术壁垒，有效促进数字世界与物理世界的融合。发起者宣称，工业互联网联盟是一个开放的会员组织，致力于为更好地访问大数据提供支持，有助于提升机构间数据连接的便捷程度，有效优化数据资产、数据操作及数据结构，提高数据的灵活性，开发工业数据的商业价值。工业互联网联盟是非营利性团体，对外部开放成员资格，通过将现有和新创的行业案例和试点应用于现实世界、参与和影响互联网和工业系统的全球标准制定流程、提供开放式论坛平台等方式鼓励创新。

德国也在不断谋求制造业未来发展道路。德国机械设备制造联合会（VDMA）与麦肯锡进行的一项调查指出，德国机械制造行业未来发展战略的核心内容是国际化、巩固“德国制造”的品牌形象、扩建服务网点、更多地按照顾客的意愿和需求完成生产过程的标准化。

而在政府领域，开放数据推动政府公共管理进一步围绕公民展开。从 2009 年起，美国、英国、加拿大、新西兰等发达国家政府相继宣布他们的公共数据开放计划。据美国 Data. gov 的统计，截至 2013 年 8 月，全球有 43 个国家、160 个地区已经上线开放数据或者开放政府信息的相关站点。美国、英国、加拿大、澳大利亚和法国是开放数据的先行者，且数据的可用性都较高；新加坡、丹麦、意大利、新西兰等国是追随者，处于第二梯队；奥地利、爱沙尼亚等国则处于起步阶段，处于第三梯队。

虽然各个国家开放数据特点不太一样，但从政府信息资源开发利用到开放数据总体上可以分为三个阶段：被动开放数据阶段（1960 ~ 2009）、主动开放数据阶段（2009 ~ 2011）和挖掘数据价值阶段（2012 年至今）。2013 年 6 月八国峰会（G8 Summit）期间签署

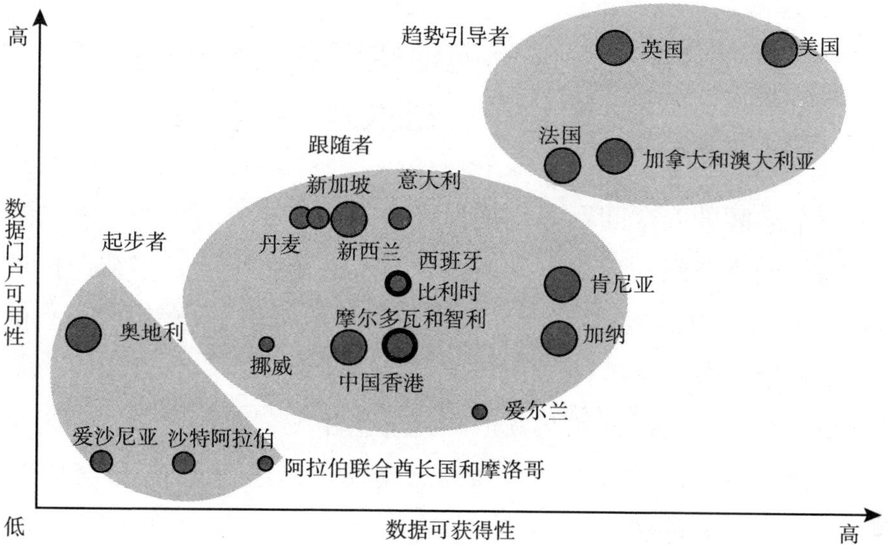

图2　全球开放数据主要参与者及其角色

资料来源：Capgemini。

了《八国集团开放数据宪章》（G8 Open Data Charter），标志着开放政府数据已经成为全球共识，未来必将迎来更大发展。

开放数据的实施，有利于提高政府部门之间协作的效率。开放数据的包容性打开了政府内各部门、政府与民众之间的边界，信息孤岛现象不再存在，数据共享成为现实。开放数据一方面推动政府各机构开放创新，政府各部门开展业务数据分析，发现数据背后隐藏的模式和微妙关系，用新思路、新方法、新举措破解经济社会发展过程中遇到的各种问题，使政府也成为创新的主体；另一方面提供数据、问题和激励，邀请社会公众共同解决问题，通过众包的形式激发大众的智慧，推动社会创新。开放数据还能够实现公民对政府活动的有效监督，例如美国加州政府就将用于解决金融危机的经费开支信息进行了网上公开，芬兰的“Tax Free”项目和英国的“Where Does My Money Go”项目都向民众公开了政府如何使用税收。

五 “管控”成为网络空间安全新重点，美国终承诺对 ICANN 放权

网络空间的安全问题一直是世界各国需要解决的难题。网络的互联互通、网络空间与现实空间的融合形成一个多维度、多结点相互交错和立体交叉的新型空间，这不仅变革了传统的社会管理观念和理论，更颠覆了既有的具体治理规范和机制。一国的信息化发展，尤其是网络安全状况已经开始与其他国家息息相关，而探索能够适应新时代特点的治理理念、管理办法和发展规律也已成为 2014 年各国政府着力应对的重要课题。

当前，国际社会在维护网络安全领域主要出现三股潮流，一是重新认识网络空间和网络安全的战略价值，二是加强网络监管与控制能力，三是力争实现技术自主以摆脱依赖。全球数据流的日趋集中，开启了网络时代的重大转型，催生网络生态的重大变化。数据不仅成为一个新的生产要素，成为“未来的新石油”，更是国家竞争的焦点，是未来衡量综合国力不可或缺的重要因素。

2014 年 4 月，国际电联专门举办了“衡量各国网络安全就绪性和相关能力建设论坛”，并且在论坛上推出了全球网络安全指数（GCI），国际电联和 ABI Research 公司合作对各国网络安全工作情况和水平进行衡量，进而形成这一指数，旨在鼓励各国从国家层面加强网络安全相关建设，缩小不同国家在网络安全水平上的差距。国际电联秘书长哈玛德 · 图埃指出：“大连通性亦带来了更大风险。随着网络世界与现实世界的重叠和交错程度不断提升，相关的挑战也越来越严峻，只有对这些挑战进行认真的处理，才能有效确保国家安全、有效治理和经济增长。”

“棱镜计划”被曝光之后，大规模监控导致的严重隐私侵犯使很多

国家和国际组织都要求美国放弃对由 ICANN 管理的互联网号码分配机构（IANA）的管辖权。2014 年 3 月 14 日，美国的国家电信和信息局（归属于商务部管辖）宣布，将在一定条件下放弃上述对 IANA 进行监管的权力。根据该声明，美国政府将移交的权力职责包括：批准授权根域文件（包含所有顶级域名的名称清单和地址数据库）的权力，对管理域名、IP 地址和协议参数的唯一标识符注册局进行监管的权力，以及 DNS 管理变更的程序职责。美商务部的声明主要包括三大要点：一是声称放权“时机”已经成熟。早在 1998 年 ICANN 成立之初，其与美商务部的合约中就明确规定，一旦时机成熟，美将对 ICANN 的管理权移交给私营部门主导的机构。此次，美商务部声称，经过十几年的发展，ICANN 的可靠性、透明性以及技术竞争力均已达到预期目标，移交时机已经成熟。美商务部已责成 ICANN 召开国际会议，提交移交方案。二是移交对象有一定限制。美国强调不会将权力移交给“政府或政府间机构”，联合国不能接手，只能移交给所谓的“全球利益攸关体”。三是提出了四项“移交原则”，即坚持“多利益攸关方模式”，保持互联网域名系统的安全、稳定与韧性，满足互联网用户的需要与期望和继续开展合作，维护互联网的开放性。

2014 年 3 月 23～27 日，ICANN 就美国移交互联网域名管理权问题在新加坡召开了会议。在此次会议上，美国提出了所谓“多利益相关方模式”的网络治理原则，在这一治理模式中，各国的政府与私营机构、民间团体与其他互联网组织，以及普通互联网用户都将作为利益相关方而存在，且各利益相关方之间的关系是平等的。按照这一架构，由政府代表组成的政府咨询委员会只能向 ICANN 理事会提出不具约束力的咨询意见。在本次会议上，发展中国家代表对 ICANN 全球化的问题以及“多利益相关方模式”提出了不同看法：中国政府代表认为，在 ICANN 所提出的模式中政府用于维护公共利益的手段有限，参与程度不足，因此希望适度提升政府在网络空间管理中的作用。

随后，在2014年4月24日巴西圣保罗举办的国际互联网治理大会上，未来互联网治理的路线和“多利益相关方模式”成为与会各方讨论的焦点。与会代表指出，网络是全球资源，应着力于服务公众利益，因此，未来的网络治理框架应更加多元、透明、可靠，并有助于相关各方关注和维护网络使用者和非使用者的权益。这次会议最终形成了《NETmundial 全球多利益相关方声明》，提出了互联网管理进程的若干原则，而这些原则对于就 IANA 进行监管的权力的移交也产生了很大影响。

尽管美国不得不就移交 ICANN 对 IANA 的管辖权做出正式表态，但实际上，美国主导互联网治理进程的基本立场从未改变。一方面美国对 ICANN 放权做了诸多限制，能否成功放权、什么时候放权、放多大权都是未知的；另一方面一定程度的放权并不会影响美国对互联网的控制，美国依然控制着核心互联网资源。因此，各国都在寻求新的国际互联网治理体制的建立。

六　信息化发展展望

预计2015年，信息化主要领域仍然会在2014年的基础上深化发展。移动互联网将会继续深化发展，终端种类更多、应用更多；产业互联网的崛起将深刻影响传统行业，对该领域的渗透将会更强；大数据、云计算、3D 打印、物联网等新兴技术应用将会更加广泛，从而推动公共服务智能化进一步提升，并向更多行业和应用场景拓展。同时，随着上述诸多方面的发展，新兴国家将会继续争夺网络空间事务话语权，网络安全问题仍不容小觑。

1. 移动互联网繁荣发展，推动多极化应用创新

2015年，移动互联网市场规模及用户体量将继续保持高增长。

据工信部公布的数据预测，移动互联网市场规模将会达到4296亿元，2017年有望扩大至6000亿元。对于移动互联网的应用开发来说，那些适用于多平台多架构、稳定性良好、生产效率高的开发工具未来将成为主流。同时，随着新兴产品层出不穷，移动设备同质化问题亟待解决。爱立信预计，到2019年，全球移动宽带的用户数将达到80亿，是2013年的4倍；其中，WCDMA/HSPA网络的用户数将达到48亿，LTE网络的用户数将达到26亿。宽带网络的进一步普及将促使网络经济在多个传统领域迅速发展，智能家居和车联网将率先实现产业化，拥有广阔的发展前景，以智能手机、平板电脑、可穿戴设备为代表的移动智能终端将开启全面互联的智能生活。此外，移动广告将得到发展。Forrester预测，到2020年，全球20%的销售数据将会来自于可穿戴设备。因此，移动广告未来需要努力的方向是实现跨屏的无缝连接。LBS是一种基于本地的服务模式，这种模式所产生的广告效果是未进行位置定向广告的2倍以上，它将是推动移动广告走向更加精准、更易落地的重要一步。

2. 产业互联网逐渐崛起，将深刻影响传统行业

2014年以来，产业互联网的概念开始频繁出现，深刻影响着包括工业在内的各个传统行业。未来，计算和存储形式将会因产业互联网而发生改变，从而带来传统服务器、数据库、数据中心产业的一系列改变，去IOE将成为趋势，自主创新公司将迎来前所未有的机会。在产业互联网时代，包括制造、医疗、农业、交通、运输、教育在内的各个产业都将在未来被互联网化。互联网在未来不仅会改变企业的生产和组织方式，还会对产业的边界和商业模式进行重构，最终带来社会经济和生活方式的巨大变革。

3. 智慧城市范围扩展，内容模式继续创新

美国国家情报委员会在四年一度的研究报告《全球趋势2030年：

变幻的世界》中提出，由于非洲、拉丁美洲，特别是亚洲中心城市在智慧城市基础设施上投资巨大，到2030年智慧城市的创新中心将会从欧洲和北美洲转移到非洲、拉丁美洲，特别是亚洲的中心城市。麦肯锡全球研究院分析认为，未来十年里将涌现出100多座新城。对于新建城市，智慧城市将完全根据全面规划设计的蓝图进行建设，安装比较完善的信息基础设施。新兴城市将通过对项目建设、运营的各方面影响因素进行评估，实行以公众为中心，整合资源、多方参与、合作共赢的项目建设和运营模式，因此将呈现多种建设运营模式组合并进的态势。与此同时，随着智慧城市建设的深入，越来越多的智慧城市相关数据产生并随之流动，如何有效保证安全，趋利避害将成为智慧城市发展的重要课题。①

4. 大数据将推动新一波认知计算革命，向更多行业和应用场景拓展

据加拿大银行CIBC预测，未来10年信息生成量将增长50倍。市场研究公司IDC预计，2009~2020年，数据生成量将增长44倍。移动设备、社交媒体、可穿戴设备和物联网将是推动数据量爆炸式增长的主力军。Wikibon发布的报告显示，未来五年，企业会进一步利用大数据铸就新的差异化竞争优势，与大数据相关的技术和服务将获得长足发展，大数据市场将呈现井喷式增长。大数据市场的平均年复合增长率将高达31%，到2017年，大数据市场规模将有望达到478亿美元。IDC报告相对保守一些，该报告预计：全球大数据技术和服务市场将在未来几年保持31.7%的年复合增长率，增速是同期整个信息和通信技术领域增速的7倍，2016年的总规模有望达到238亿美元。Gartner预测，全球排名前1000位的大企业会在2015年将其20%的策略重点置于“信息基础建设”，而其重要性与应用管理等同。

① 《2014中国国际智慧城市发展报告》。

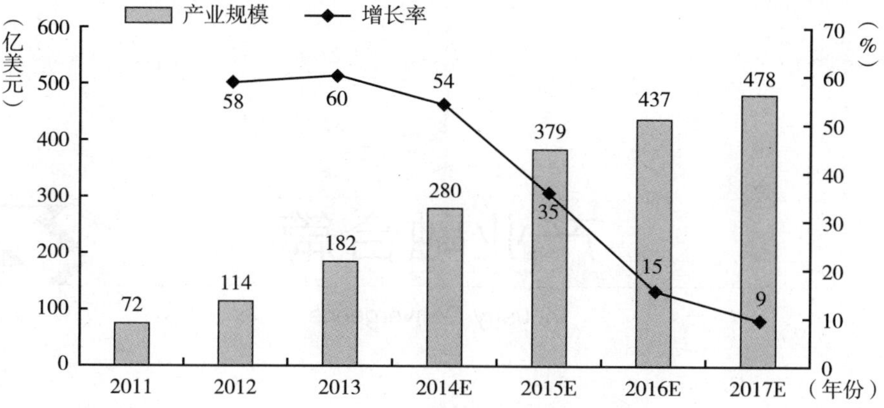

图 3　2011～2017 年大数据市场规模预测

资料来源：Wikibon。

5. 新兴国家争夺网络空间事务话语权，与发达国家博弈影响互联网治理模式

2015 年，主要大国新政牵动世界大转型、大调整向纵深推进，围绕未来发展空间和战略主导权的综合国力竞争将进一步升温。美国艰难调整内外战略、欧盟力图重振国际地位、俄罗斯谋求新突破、日本力推“正常国家化”、印度和巴西等新兴大国谋转型，新一轮综合国力竞争展开。新兴国家与发达国家两大“集群”力量将会继续处于相持阶段，双方竞合博弈将水涨船高，“集群化”、“高端化”更趋明显，博弈格局日渐成形，但仍将保持“东升西降”趋势。美西方统合“规则联盟”，以“大西方”联手应对新兴大国崛起。新兴大国则“联合自强”，全方位应对美西方战略压制。同时，信息革命与金融危机共同促使全球化向碎片化方向发展，权力下沉，开放度提升，社会稳定性降低，成为两大集群共同面临的挑战。由于多方势力制衡及博弈，各国在处理分歧问题时将会趋向于由政府主导解决转变为多边治理。

产业融合篇

Industry Convergence

B.2

互联网驱动产业转型升级

黄小燕　高晓雨　王岚　乔睿*

摘　要： 互联网与制造业、农业、商业及金融的融合，未来将促进产业转型，包括重塑制造业发展形态、改变农业发展模式、引领服务业O2O变革、渗透金融行业。世界各国纷纷出台相关战略，促进本国相关产业的发展。

关键词： 智能制造　智慧农业　O2O　互联网金融

* 黄小燕，工业和信息化部电子科学技术情报研究所高级工程师，主要研究方向为智能制造、两化融合、工业4.0、信息化战略等；高晓雨，工业和信息化部电子科学技术情报研究所工程师，硕士，专注于信息化战略研究；王岚，工业和信息化部电子科学技术情报研究所工程师，专注于信息化战略研究；乔睿，硕士，工业和信息化部电子科学技术情报研究所工程师，硕士，从事信息化战略研究。

作为20世纪人类最伟大的发明之一，互联网正逐步成为战略性基础设施，与国民经济各行业加速融合，推动传统产业转型升级，不断催生新兴业态，引发经济社会发展的深刻变革。

一　智能制造重塑制造业发展形态，各国抢占高端制造业制高点

为在新一轮技术革命和产业变革中抢占制高点，发达国家纷纷实施以重振制造业为核心的“再工业化”战略，高端制造业全球竞争变得愈加激烈。德国提出“工业4.0”，强调通过信息网络与物理生产系统的融合，即建设信息物理融合系统（Cyber-Physical System，CPS）来改变当前的工业生产与服务模式。美国提出工业互联网，强调通过智能机器间的连接并最终将人机连接，结合软件和大数据分析来重构全球工业。这两个概念背后的最大公约数是智能制造。

智能制造是一种新的制造模式，具有泛在感知、互联集成、精准控制、智能诊断和人机交互等特征。

1. 智能制造重塑制造业发展形态

（1）智能工厂革新生产方式

全球正在掀起智能工厂、智能制造热潮，在传统工业自动化基础上实现网络制造。德国“工业4.0”的核心是“智能工厂”，强调通过信息网络与工业生产系统的充分融合，来改变当前的工业生产与服务模式。在“工业4.0”时代，产品与工业生产设备之间、不同的工业生产设备之间，通过网络环境下的数据交互连接到一起，让工厂内部的纵向之间以及工厂与工厂横向之间，都能通过CPS联结为一个整体，从而形成生产的智能化。智能工厂通过整合制造和业务规划流程不同阶段使用的各种IT系统实现横向一体化，这些流程涉及公司内部和与其他公司之间的材料、能源和信息交换；通过整合不同层次

的各种 IT 系统实现垂直一体化。这种整合的目标是提供端对端的解决方案。

智能工厂将原来自动化工厂孤立的点通过网络连接起来，通过 CAM、CAPP、MES 等数字化制造技术与人工智能的集成应用，建设柔性制造单元、数字化车间、智能工厂、智能制造系统。通过引入物联网，开放一部分资源供产业链上下游共享，提升整体效率，降低工厂物流风险。在资源配置方面，智能工厂通过网络将价值链与生产过程分解到不同国家和地区，技术研发、生产以及销售的多地区协作日趋加强。同时，通过将信息技术融入工厂管理，实现工厂信息集成化、管控智能化和人机一体化，将促进工厂业务流程优化，组织结构从集中控制、科层分权向分布式、扁平化的智能型组织方向发展。

（2）智能装备广泛应用于制造流程

随着机器人、自动化生产线等智能装备的蓬勃发展，智能装备在制造业中将得到广泛应用。互联网技术的发展，特别是采用 IPv6 的下一代互联网的发展，将大大扩张互联网的地址容量，使得每一台设备、每一件产品都能分配一个网址，实现互联互通。制造机械、机器人、输送机和仓储系统及生产设施等制造资源装备传感器和感应器，在不同情况下能自我管理，自我配置，自我优化，形成具有感知、决策、执行等功能特征的智能生产系统，实现机器之间、人机之间、机器和产品之间的信息交互。

国际机器人联合会的统计数据显示，目前全球制造企业在生产制造中使用的机器人总数已经超过百万台。互联网技术的支撑使机器人从过去的单台设备应用进入现在“机器人 + 互联网”的数字化工厂。机器人的优势非常明显，不仅能提高生产效率，还能有效改善产品质量，成本也在逐年下降。统计数据显示，使用机器人的制造企业，产品质量合格率从过去的 60% 提高到现在的 100% 。近 10 年来机器人的成本下降了 50% 多，未来还将以每年 5% 的速度持续下降。机器人的应用将迎来爆发期。

国际机器人联合会（IFR）的统计数据显示，2013 年我国采购了 3.6 万台工业机器人，第一次超过日本成为世界最大的工业机器人市场，相当于 2013 年全球每 5 台工业机器人中就有 1 台被中国买下，这一采购量同比增长了近 60%。日本排第二，采购了 26015 台；美国居第三，采购 23679 台。

近年来，美国、英国、德国、日本、韩国等国家纷纷出台重要的国家战略，推动机器人相关产业发展。美国推出自主机器人研究计划、未来作战系统（FCS）、联合机器人研究计划、无人机研究路线图、无人水下航行器（UUV）总体规划等。欧洲联合空中力量能力中心（JAPCC）出台无人机系统飞行计划、欧盟第七框架计划（FP7）、欧洲机器人研究路线图等。日本政府非常重视机器人发展，采取持续支持的战略，先后出台极限作业机器人计划（1985 ~ 1990 年）、微型机器人计划（1991 ~ 2000 年）、仿人机器人研究计划（2001 ~ 2003 年）、大大特计划（2002 年至今）以及阿童木计划（The Atom Project）等。韩国制定了先进机器人技术研发计划、个人机器人基础技术开发计划与信息技术 839 战略等，力图在机器人领域后来居上。此外，Facebook、谷歌、IBM、高通、百度等 IT 企业也相继开展机器人相关技术和产品的研发。

（3）工业大数据成为制造业的基石

大数据的涌现改变着制造业企业的运作模式。在德国“工业 4.0”中，制造企业的数据将呈现爆炸式增长态势。信息物理系统（CPS）的推广、智能装备和终端的普及以及各种传感器的使用，将会带来无所不在的感知和无所不在的连接，所有的生产装备、感知设备、联网终端，包括生产者本身都在源源不断地产生数据，这些数据将会渗透到企业运营、价值链乃至产品的整个生命周期，是工业 4.0 和制造革命的基石。在 GE 投资千亿美元进军工业互联网的宏大蓝图中，核心引擎就是“数据分析”。GE 正用行动证明，传统制造业巨头如何通过物联网和大数据，将物理资源优势转化为数据资源优势。

在欧美国家重振制造业的过程中，工业大数据被作为一项重要的内容。美国辛辛那提大学讲座教授李杰认为，制造业的问题可以分为两类，一类是看得到的问题，一类是看不到的问题。所谓看得到的问题，指的是生产中的各类设备；而看不到的问题，则是生产的精益和稳定性。工业大数据分析的目的，就是找出隐性的操作问题及未知的变化，及时地做好预防，从而避免故障。据李杰介绍，他的团队和丰田公司合作，对丰田的某一生产线的机器人进行了智能维护，可以提前三周发现它们的问题，为丰田公司减少了近 50% 的装备维护成本。

事实上，工业大数据的价值不仅仅在于可预测性维保，其对制造业的影响还包括研发、设计、生产、营销及售后服务。利用数据流可以在制造过程中实现更高的沟通、协作与控制，使用这些数据流可以确保提高生产灵活性。通过对数据的挖掘和分析，可以优化产品价值链，改善工厂的生产质量，增加透明度，减少库存，提升产品质量，提升消费者满意度。因此，下一代制造模式在很大程度上依赖于工业大数据。

（4）3D 打印技术成为智能制造的重要因子

智能制造的实现离不开 3D 打印等先进制造技术。3D 打印起源于 20 世纪 80 年代，其准确名称是“增材制造技术”。自诞生以来，3D 打印就被视为一项引领产业革命的技术，其使用范围和被打印物品的形态一直在拓展，目前主要应用于航空航天、医疗制药和汽车制造等行业。2014 年初，GE 公司的研究人员宣布，未来 50 年内，3D 打印技术将能够成功“打印”出一台航空发动机，使得 3D 打印再次受到各界瞩目。2014 年 9 月 15 日，世界上第一辆 3D 打印汽车面世。这辆由美国 Local Motors 公司设计制造、名叫“Strati”的小巧两座家用汽车整个车身上靠 3D 打印出的部件总数为 40 个，相比传统汽车

20000多个零件来说可谓十分简洁。

3D打印结合互联网，必然使传统的制造产业发生革命性变化。3D打印技术成为当今各国制造业竞相积极研究的前沿领域。国家知识产权局于2013年发布了《增材制造产业专利分析报告》，截至2013年6月30日，全球涉及3D打印的专利申请量累计达3047件。其中，美国的专利申请量最大，占该领域全球专利申请总量的41.7%；日本和德国次之，分别占23%和13%；中国的专利申请量占7.9%，位列第四。

2014年8月，韩国政府发布声明称，正在制定一项10年规划，以推动和发展3D打印技术，使之成为新兴增长市场，并帮助制造业部门实现转型。韩国工贸能源部官员称，3D打印行业是一个新的增长引擎，能够向制造业领域引入创新。3D打印预计将与信息、通信技术行业一起，在韩国创新经济中发挥关键作用。

为发展3D打印技术，日本政府的2014年预算案中专门划拨了40亿日元用以实施“以三维成型技术为核心的制造革命计划”，启动开发世界最高水准的3D打印机的国家项目。目前，该计划已经分成32亿日元上限的“新一代工业3D打印机技术开发”和以5.5亿日元为上限的“超精密三维成型系统技术开发”两个主题，并在公开招募开发委托单位。

2. 智能制造成为抢占新一轮产业竞争的制高点

为稳固装备制造业在全球市场的领导地位，并为信息物理系统技术和产品培育新的领先市场，德国提出“工业4.0”战略。在2011年德国汉诺威工业博览会上，德国相关协会提出工业4.0的初步概念。随后，“工业4.0”被纳入国家《高技术战略2020》，为德国十大未来高技术项目之一，德国联邦政府为此投入达2亿欧元。2013年汉诺威工业博览会，由“工业4.0”工作组发表最终报告《保障德国制造业的未来——关于实施工业4.0战略的建议》，德国政府正式提出“工业4.0”战略。2013年12月，德国电气电子和信息技术协会发表全球首份“工业4.0”标准化路线图，为“工业4.0”行业标准的制定提供了概览和规划基础。2014年4月，由来自17个成员单位的专家组成的“工业4.0”学术咨询委员会发布白皮书，对“工业4.0”相关的技术术语给出了严格的定义，并确定了12个重点研究领域。2014年汉诺威工业博览会上展示了由十家企业联合研发的首个“工业4.0”演示系统，表明“工业4.0”正从概念走向现实。

2012年3月，美国总统奥巴马提出创建15个“美国国家制造业创新中心”计划（NNMI），以重振美国制造业的竞争力，促进实体经济发展，增加就业和投资，计划总投资额10亿美元。这是美国利用行政权力推动制造业复苏和经济发展的重大举措。根据这项计划，2014年2月，美国宣布成立第5个制造业创新中心；2014年10月，美国宣布第6个制造业创新中心竞标计划。截至目前，美国成立的制造业创新中心包括电子电力制造中心、数字制造与设计创新中心、轻量级现代金属制造中心、复合材料制造业中心等。2014年4月，美国互联网以及ICT巨头与传统制造业领导厂商携手，GE、思科、IBM、AT&T、英特尔等80多家企业成立了工业互联网联盟，重新定义制造业的未来，并在技术、标准、产业化等方面做出一系列前瞻性布局，工业互联网成为美国先进制造伙伴计划的重要任务之一。

2013年9月，法国政府推出《新工业法国》战略，旨在通过创新重塑工业实力，使法国处于全球工业竞争力第一梯队，解决伴随“去工业化”而来的工业增加值和就业比重持续下降的问题。该战略为期十年，主要解决三大问题：能源、数字革命和经济生活，共包含34项具体计划，展现了法国在第三次工业革命中实现工业转型的决心和实力。

2013年10月，英国政府发布关于英国制造业及全球发展的报告《制造的未来：英国的机遇和挑战新时代》。报告展望了到2050年制造业的发展状况，并分析了英国在制造方面存在的问题，总结了与英国政府相关的未来四个方面的关键特征。报告提出了未来需要政府给予关注的三个系统性领域：一是更加系统地、完整地看待制造领域的价值创造；二是明确制造价值链的具体阶段目标；三是增强政府长期的政策评估和协调能力。

2014 年 6 月，日本政府内阁会议通过《制造业白皮书》，提出将大力调整制造业结构，将机器人、下一代清洁能源汽车、再生医疗以及 3D 打印技术作为今后制造业发展的重点领域。

二 互联网思维改变农业发展模式，产、供、销全方面提升农业信息化水平

精准农业行业呈现迅猛增长势头。2014 年，全球市场对作物的需求不断增长，农民们努力追求作物产量的最大化。因此，整个精准农业行业呈现迅猛增长的势头。《2020 年全球精准农业市场预测》报告显示，2014 ~2020 年，全球精准农业市场预计将以 12. 2% 的年复合增长率增至 45. 5 亿美元。报告指出，精准农业市场增长的主要驱动因素在于增产和赢利提升，同时节约能源和成本以及政府的资助也促进了市场的增长；精准农业市场增长的限制因素包括初始投资过高、农民缺乏认识等。目前，美国精准农业市场已经处于成熟阶段。在美国以外的南美、亚太和欧洲，特别是巴西、阿根廷、东欧和中国等地区市场，由于正处于早期发展阶段，并且拥有大规模的农业生产，精准农业将有望取得强劲的两位数的增长。IBIS World 发布的最新报告《美国精准农业系统及服务》显示，预计未来五年，精准农业市场将以年增长率 5. 3% 的速度增长，到 2019 年市场规模将达到 15 亿美元。

在美国，规范性种植正在迅速流行起来。从本质上讲，“规范性

种植”是一个系统，可以极其精确地告诉农场主在每一小块土地上种植哪些种子，以及如何培育耕作。这可能是自转基因作物诞生以来发达国家农业领域最大的变革。孟山都（Monsanto）的规范性种植系统在2013年进行了初次试验，2014年在美国4个州出售。孟山都是全球最大的杂交种子生产商，拥有数十万种的种子库，以及关于这些种子收成的大量数据。2013年孟山都收购了一家气候公司，其数据库包含1500亿项土壤观测结果和10万亿个天气仿真模拟点。将种子数据添加到“土壤－天气”数据库后，孟山都制作出了一张特殊的美国地图，显示出哪些种子在什么情况下最适宜种植在哪些区域。同时，由于美国的农业机械智能化发展迅速，已经涵盖从耕作、灌溉到收获等流程，因此农业生产效率得到了极大的提高，其中以耕作方面的智能化农机成效最为显著。

法国是欧盟最大的农业生产国。在法国，精细农业和全程实时监控技术目前已经开始在越来越多的农民中利用实施。例如，通信卫星技术可以预报灾害性天气，同时测报病虫害灾情；专家系统可以进行自动化的灌溉、施肥、打药等田间管理工作；通过对土壤环境进行精确分析，农民可以根据种植的作物品种进行种植环境的调节和改善。法国农产品的生产、收获、贮藏和加工等环节均能够实现计算机全程实时监控，此外，法国的农业机械化和智能化程度也非常高，从农作物灌溉、施肥、杀虫到除草系统都联成一个物联网，什么时候施肥，施肥的种类、剂量，何时灌溉等，都由生产基地内的探头将数据传输到终端控制系统，然后由控制终端发出指令，智能化操控生产全过程。

日本已经建立起农业技术信息的全国联机服务网络，该网络可以借助公用电话网、专用通讯网和无线寻呼网将个人电脑用户与高速处理计算机、大型数据库系统、高效农业生产管理系统、无人温室管理系统、气象预报系统连接起来，向农户提供科技文献、农业技术、市场信息、病虫害预警、天气预报等信息。日本利用农田地理信息系统（GIS）管理的耕地面积已超过20%。对农业生产造成重大影响的因素之一便是气象。日本农民在土地上设置气象观测传感器，收集详细的气象数据、土壤数据，或者利用过去的气象信息统计，展开产量预测等。通过这样的分析，能够使作物的质量和产量保持在一定的水平。

物联网、云计算等新兴互联网技术助力农业信息化。2014 年，农业信息化的另一典型代表就是物联网技术在农业生产中的大量使用。农业物联网可以利用光传感器、CO 传感器、温度传感器、湿度传感器、pH 值传感器等实现温室大棚的控制，可以利用 RFID 技术对牲畜进行识别和跟踪，可以利用二维码技术实现对农产品的物流配送、追溯和仓储管理，可以利用电脑、手机等设备进行远程监控，有效实现海量农业信息的传输、融合和处理。这些都是物联网技术在农业生产中的新应用。

以色列一直以领先世界的农业技术创造农业生产的奇迹。2014 年 6 月 10～11 日，以色列马沙夫农业峰会与会展在以色列特拉维夫举行，这个农业新技术高度集中的平台展示了很多农业物联网的领先技术。例如，在利用可穿戴传感设备方面，以色列牧场管理者将监测项圈戴在奶牛脖子上，从而可以精确地监控奶牛的行动。牧场管理者可以了解到每只牛的进食、反刍、运动等情况，从而得知其身体的健康状况，并提早发现患病牛只，为其提供绝无抗生素的治疗。监测项圈还可以准确预知奶牛的发情时间，减少奶牛的空怀时间，更多更好地产奶。

除了物联网技术在农业中的应用，云计算技术也被用于农业生产中，参与采集数据后的数据处理工作。澳大利亚的 Kirby 智能农场是云计算农业的一个重要试点。该农场面积 2800 公顷，主营美利奴羊毛、菜牛和牲畜饲料使用的各种谷物。在 Kirby 智能农场中，研究人

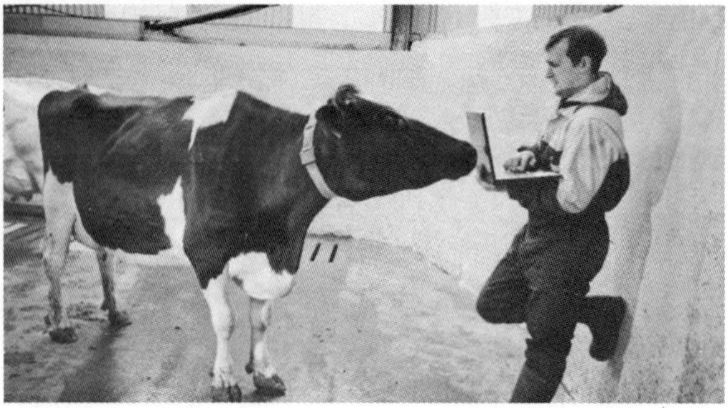

图4　以色列奶牛监测项圈，数据可传回计算机

员部署了大量的传感装置，用以监测牲畜移动情况、空气温度以及土壤的水分含量、温度和电导性（土壤中传感器数量为100个）。上述数据将被传送至“智能农场信息平台”，为农场经营提供决策帮助和支持。具体来讲，固定传感器和移动传感器收集来的数据流将通过无线局域网络连续发送至云端，农场工作人员可以依据数字地图上数据的变化进行资源调配的远程操作，向农业专家进行对应咨询。据最新资料显示，Kirby智能农场已经在畜牧生产、饲料分配、牲畜健康监测和土壤肥力等方面取得了巨大成效。传感系统、宽带技术、云计算技术以及新型的信息服务不仅将改变农业操作模式，未来还将持续改变农业上游服务、食品加工、物流和零售行业之间的关系。

农业电商创新农产品销售模式。2014年，农业电商呈现新的发展态势，其经营模式已不再是单纯的销售农产品了。美国农业电商公司LocalHarvest最近就针对众多的中小型农场打造小而美的农产品电商。

“真实的食物，真实的农人，真实的社区”是LocalHarvest电商平台的理念，该网站汇集本地农场信息，为消费者提供丰富的食物选择，已经成为连接中小型农场、CSA农场和消费者的平台。Local Harvest深度整合了行业的上下游经营模式。在消费端，它使消费者进一步参与到农产品的生产和销售过程中，从而增强了农产品电商

图 5　美国电商 LocalHarvest 网站首页

的透明度和信任度；在供应端，它为农场提供了生产和销售的专业IT 服务，有效提高了农业生产的效率和销售管理水平。同时，该平台配备地图检索系统，消费者只要输入本地区号，就可以检索到本地农场的农产品，包括叶菜和禽蛋在内的物流难度高的农产品可以通过本地区宅配直接送达消费者，有效降低了物流费用。该平台提供在线订单管理、会员管理、配送管理和财务管理的农场管理软件CSAware，极大地提升了农场的管理效率，使得农场管理者可以专心致力于农业生产。

LocalHarvest 采用产业整合的新模式，而日本电商巨头乐天最近则发现了农产品与其他产品所不同的社交性质，并提出为农产品销售开创与社交结合的新模式。

网络店铺运营的一项重要工作就是拉近经营和消费者的关系，利用与消费者建立良好的关系以促进销售。而农产品恰恰最贴近每个消费者的真实生活，人们倾向于在社交平台上谈论贴近生活的事物；加之，农产品直接关系人们的健康，相比其他商品，消费者更关心农产品的真实质量；因此，将社交平台与电商大面积结合，可以有效地促进农产品的网上销售。

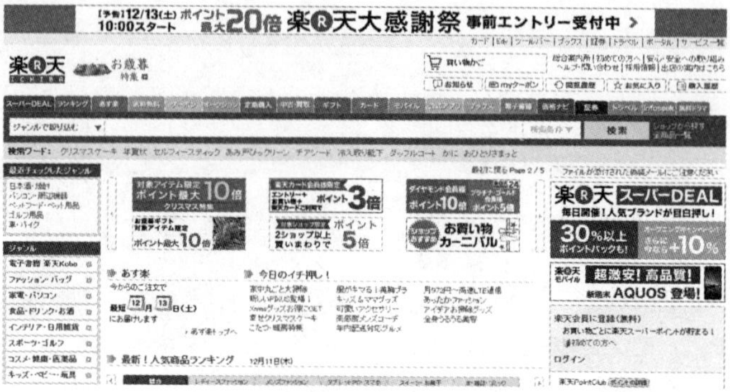

图 6　日本电商乐天网站首页

乐天商城的计划是通过大范围地连接社交平台，为每个农产品销售店建立庞大的粉丝基础，这样既可扩大宣传范围，又可培养消费者对农产品的信任值和忠诚度。

三　互联网引领服务业 O2O 变革，有效盘活资源、引导消费、提升用户体验

如果说电子商务颠覆了人们的购物习惯，微博颠覆了大众传播的方式，互联网盒子颠覆了家庭的客厅，那么下一个被互联网颠覆的将是什么？答案是拥有近万亿市场的传统服务行业。

随着 O2O 营销模式的不断发展和演变，传统的线下服务业逐渐成为世界范围内互联网创业的新大陆，各种 O2O 互联网产品也为普通用户带来了更加经济、便捷、本地化和个性化的服务消费体验。

O2O（Online To Offline）或 O2P（Online To Place），即通过 PC、移动终端等的浏览进而产生线下交易行为的过程。O2O 基于的是点对点的需求衔接。对于消费者来说，使用 O2O 服务能够足不出户浏览商家信息、获得服务的全面介绍、借鉴已消费客户的评价、进行便捷的在线支付，从而节省获取服务的时间和经济成本，还可以进一步

根据个人需求选择更加精细化的服务内容、根据地理位置选择更贴近本地生活的服务项目，进而订制整套个性化的服务方案。对于服务提供商来说，进行O2O营销能够获得更多的服务展示渠道，有效拉动新品新店消费，能掌握用户的订单分布规律、合理配置线下服务资源，更能掌握线上的用户数据，进一步通过精准营销和服务订制来吸引大量的高黏性用户，将线上产生的消费需求有效引向线下，从而产生持续、稳定的现金流。

通过有效盘活线上的用户资源和线下的服务资源、打通实体经济和电子商务的沟通渠道，O2O服务创造出了一个闭环的价值链，这一闭环能够有效培养用户的消费习惯，不断促进商家服务质量的进一步提升，进而在传统线下服务业的基础上催生出了多种多样的新兴服务模式。

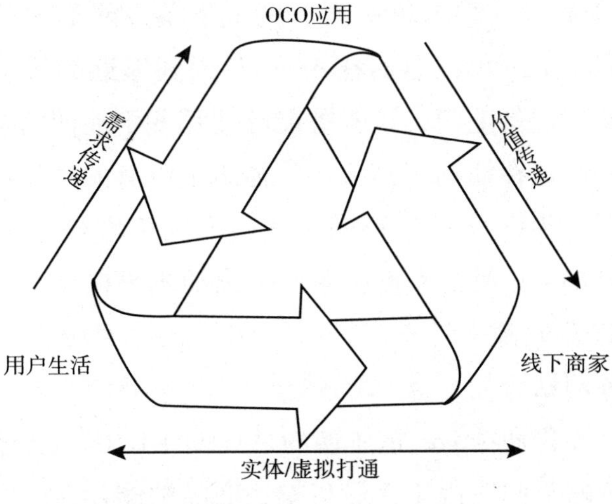

图7　O2O闭环示意

1. 零售

目前，美国零售业巨头沃尔玛在电子商务领域的探索进入了新阶段，其策略是通过移动端的技术应用实现线上线下的协同，提高用户跟实体店的互动体验、服务质量和营销效果，一切以“简化消费者购物流程、提升消费者购物体验”为原则，以移动设备为核心，将手机的便利性跟线下的物流、体验和服务相融合。2011 年，沃尔玛的手机应用开始采用移动地图的定位技术，该 APP 能在顾客进入某一家沃尔玛门店时自动切换至“店内模式”，为顾客提供店内商品导航、电子优惠券和自助结账等服务。该 APP 打通了店铺管理的 ERP，在搜索框中输入商品名称，会出现该商品的所有品牌、分别摆放在什么位置，并且有一个地图帮助顾客快速找到它们；通过该 APP，用户可以看到本店最新的优惠商品手册，可以扫描条形码进行比价，当实体店无货时，售货员也可以通过该 APP 将用户的消费引向沃尔玛 B2C 网站；此外，该 APP 还可以自动统计购物金额，用户只需要扫描物品的条形码，就可以直接去专设的自助付款台结账，从而省去排队的苦恼。2012 年，沃尔玛推出了网上下单、网下支付服务，顾客只要在在线商城上下单，然后在 48 小时内到邻近的沃尔玛超市支付现金，商品就将送货上门，该服务能够使那些不能使用借记卡或者信用卡的顾客方便地在线购买到很多实体店里没有的产品。在上述一系列的举措之下，2013 年沃尔玛的在线收入同比增长了 30%，达到了 100 亿美元；2014 年第二季度到第三季度沃尔玛在线商城的销售额增长了 27%，以营业额来计算的话，沃尔玛在线商城已经成为北美第四大电子商务网站。

英国著名零售商 Argos 是典型的“O2O + B2C”混合模式成功案例，其经营策略是门店内不摆设货架，商品被储存在门店后或楼上的仓库里，顾客可以通过店内的终端或手机 APP 查询任何一家 Argos 门店的地理位置、商品价格和促销信息，实时跟踪商品的价格更新、库存变化和买家评论情况，在线下单，然后到实体店提货。目前 Argos 已经在英国拥有 650 家商店，并在 2014 年 7 月 4 日宣布与电子商务网站 eBay 开展网上购物、实体店取货的全面战略合作，截至 2014 年年底，已有约 65000 家 eBay 商户提供可在 Argos 店内取货的服务。Argos 模式的特点在于实体店的前台员工很少（一般只需配置收银员 2～3 名，取货柜台部员工 2～3 名），并通过实体店的预算控制，将企业的工作重心放在库存控制和供应链管理上，这种模式可以在末端精准把脉市场需求，制订科学的库存策略，实施可视化的动态库存管理和物流管理，将线上线下的信息协同并开放给顾客，从而打造出一个立体式供应链整合的格局。

2. 出行

2014 年初至今，国外知名车辆类 O2O 应用已有 4 家获得了新一轮的融资，分别是 Lyft、GrabTaxi、Uber、Easy Taxi，融资金额从几千万到 10 多亿美元不等，足以证明世界范围内车辆 O2O 市场的火爆。其中，最具代表性的打车应用 Uber 已经在服务范围上覆盖了全球 45 个国家和地区、200 多个城市，整体公司估值达 400 亿美元，并已经与百度达成全球范围内的战略合作伙伴关系，在 2014 年开始正式进军中国市场，在台北、香港、上海、广州、深圳、北京、杭州和成都等多个城市提供商务约车、出租打车、共享拼车等不同档次的车辆服务。此外，以下几个应用的商业模式也具有一定代表性：提供私家车拼车服务的 Lyft，在车主规划好路线之后开始接入同程的拼车订单；提供私家车租赁服务的 ZipCar 和 Getaround，自动根据定位信息搜索附近的已成为会员的可租赁私家车，用户可以用会员卡开启车锁、自行取车；提供私家车机场租赁服务的 Flightcar，在车主出外旅游、将车辆停放在机场的时间段内为其他用户提供租车服务。

在 O2O 旅游市场，全球第一大在线旅游服务商 Priceline 独创了 “Name Your Own Price”（客户反向定价）服务模式，允许客户在线预订旅游产品时自定义他们愿意支付的价格，并自定义出发时间、产品类别、到达目的地、日程安排等，进而通过算法在系统中搜索与之匹配的供应商，旨在利用买方的灵活性以使卖方在不影响其正常分销渠道或零售报价体系的前提下以较低的价格卖出过剩的旅游产品，截至 2014 年 12 月 29 日，Priceline 总市值 605.4 亿美元，主打的预订网站 Booking.com 上已有可预订的酒店 425000 家，涵盖了全世界 190 个国家。第二大在线旅游服务商 Expedia 在旗下多个在线预订网站（如 Hotels.com 和艺龙网）的基础之上拓展出了由旅游点评、旅游激励、旅游计划、旅行搜索、旅行预订和再旅游六个环节构成的在线旅游消费生态循环系统，并开发出了基于大数据运算的航班推荐服务和个性化的行程分享服务。截至 2014 年 12 月 29 日，Expedia 的总市值达到了 113.0 亿美元。第三大在线旅游服务商 TripAdvisor 以提供旅行点评服务起家，而后又通过元搜索进入酒店预订市场，为旅行者提供酒店评论、酒店受欢迎程度索引、高级酒店选择工具、酒店房价比价搜索以及社会化的旅途图片分享和在线驴友交流等服务。截至 2014 年 12 月 29 日，TripAdvisor 总市值达到了 109.9 亿美元，其品牌网站上已经储存了涵盖全世界 775000 家酒店的 1.25 亿条评论信息。美国的短租网站鼻祖 Airbnb 主要提供个人房源的廉价、短期租赁，并通过与 Facebook 和 LinkedIn 等实名的社交网站联通获取房主和租客的身份验证信息，目前已在全球拥有超过 30 万处房源，覆盖了 192 个国家 3.3 万个城市。

3. 餐饮

美国的在线餐饮预订服务商 OpenTable 在 2014 年 6 月被全球第一大在线旅游服务商 Priceline 以 26 亿美元现金收购，在此之前，该公司业务一直保持着稳健的发展态势。自 1988 年创立以来，OpenTable 就开始通过建立 ERB（Electronic Reservation Book）系统把餐厅库存电子化，通过吸引线上用户预定提升订餐效率，向餐厅收取服务费用，截至 2014 年 6 月，每月通过 OpenTable 网站和手机 APP 预订餐厅的人数约 1500 万人次，其签约的餐厅数也已超过 31000 家。该公司的 ERB 系统主要有以下几种面向餐厅客户的功能：①预定管理：管理下单、修改、取消和确认预定；②客户管理：跟踪 VIP 用户，包括他们的联系方式、爱好，以实现更好服务或进行针对性营销活动；③餐桌管理：协助餐厅服务员进行餐桌管理，设定预定的餐桌，检测餐桌的状态；④POS 整合：把 POS 整合进 ERB 系统，可获取消费数据；⑤报告呈现（Reports）：提供高级分析功能，提高餐饮的效率。其营收主要来自以下三方面：按照给餐厅带去的顾客人数收取的转化效果费、每月向商户收取的 ERB 使用费和给餐厅安装 ERB 系统并进行使用方法培训的附加费。2013 年 7 月后，很多后起的餐饮系统商、网站平台也开始抢夺 OpenTable 的市场，其中就包括曾和 OpenTable 展开过合作的著名餐饮点评网站 Yelp（于2013 年7 月推出订餐服务）和著名的团购网站 Groupon（于 2013 年 8 月推出订餐服务）。

4. 家政

目前，美国的 O2O 家政市场发展最为繁荣，主要有三家赢利状况良好、不断扩张中的服务提供商：① Care. com，主要提供儿童、老人和宠物的专业护理服务，此外延伸服务领域至家庭清洁、家教等，商业模式是面向传统家政企业或中介提供服务，为他们寻找需要家政服务的家庭，通过传统的佣金模式赢利。该公司于 2014 年 1 月 24 日在美国纳斯达克挂牌上市，市值逾十亿美元。② Homejoy，主营房屋清洁服务，另外还有占比很小的马桶维修、粉刷墙壁服务，但提供服务的不是职业的家政人员，而是失业者或者开工不足的人，在这个雇佣者和服务人员的直接对接平台上，闲置劳动力可以快速找到一个对技能要求不是很高的工作，同时雇佣者也可以以更低廉的价格获取服务。2014 年 5 月，该公司收购了服务性质近似、市场重叠的竞争对手 Get Maid。③ Handybook，提供家政清洁、水管维修、家具和电器装配、房屋粉刷以及货物搬运等服务，主要特点是会对所有申请者进行详细的身份验证（包括身份 ID、邮箱、电话、住址等信息）、全国性的背景审查以及一对一的服务水平评估，且要求服务商均在司法部有备案。这在很大程度上消除了用户对于家政服务人员素质和服务水平的质疑。该公司在2014年1月收购了另外一家家政服务公司Exec，并于6月11日获得3000万美元B轮融资。

同时，欧洲的O2O家政市场也正处在初期成长过程当中。总部位于德国柏林的Helpling于2014年3月正式推出在线服务，目前已迅速扩张到欧洲7个国家的150个城市，而在此之前，欧洲许多国家的家政服务均被黑市垄断，在Helpling所在的50个德国城市中，大多数家政服务使用现金交易（以此避免税收），家政人员的介绍也并非通过正规渠道。以Helpling为代表的在线服务提供商的进入，不仅有可能进一步整合家政服务市场，把盘子做大，还可能彻底将黑市收归体制内，为国家贡献税收，从而有效改变欧洲家政服务业的现状。

四 互联网继续渗透金融行业，虚拟货币遭遇各国监管部门的审查

随着互联网技术的蓬勃发展，互联网对传统产业的影响更加深入地渗透到金融行业，填补了现代金融体系良好的空白，更好地满足了人们和企业的需求。各国监管机构高度重视互联网金融的发展，逐步建立起适应信息社会发展的金融监管体系。

2014年7月，国际电信联盟（ITU）成立了一个新的数字金融服务焦点组，该组通过运用信息通信技术（ICT）加强金融包容性，从而对国际电联电信标准化部门（ITU－T）成员比尔及梅琳达·盖茨基金会的倡议做出回应。其中，向各方开放的焦点小组将制定互操作数字金融服务国际标准路线图，并开发一个监管工具包以帮助各国政策制定者和监管机构推动服务的采用。该组将确定未来几年内数字金融服务的发展趋势以及利益攸关各方在此大环境内的角色。研究工作

将涉及多个方面，其中包括技术要求，如数字金融服务所需要的架构和移动交易的安全性、政策和监管、消费者保护和防止欺诈等问题。

受到数字银行发展的影响，很多银行开始关闭诸多非营利网点，同时将资金投向移动和互联网服务。2014 年，英国互联网和移动银行每周的交易额达到64 亿英镑，高于上年每周58 亿英镑的交易额；银行应用程序的下载量也已经超过1470 万次，自 2014 年 1 月以来增加了230 万次，同时互联网银行服务每天要受理700 万次登录；根据苏格兰皇家银行的数据，过去三年里该银行1900 个营业网点的交易总额下降了30%，这导致该银行将不可避免地关闭更多的营业网点①。

美国金融机构开始纷纷投建金融网络。金融网络由中央银行、商业银行、企业、非营利性组织、个人以及机器等节点组成，它的存在使得各种形式的资金得以在各节点之间流动，美国银行、花旗银行、德国商业银行、摩根大通、法国兴业和渣打银行等六大银行称，他们正在建立一个共享客户数据库。该数据库将交由比利时的经纪公司SWIFT 创建和管理，以帮助各大银行实现所需的信息共享，同时满足监管需求，以阻止洗钱及诈骗的产生。

同时，万事达（MasterCard）和维萨（Visa）于 3 月 7 日也发表声明，宣布将新建一个集银行、信用合作社、零售商和行业贸易组织于一身的跨行业联盟，以加强现有支付系统的安全性。在初始阶段，这个尚未命名的联盟将会专注于引进和推动采用 EMV 芯片技术。报道指出，联盟的建立是世界两大支付网络巨头在加强安全方面迈出的重要一步，以应对金融，尤其是零售行业越来越多的交易资料泄露事件。

这两份声明均强调了加强金融网络内的合作，以提高网络内信息

① 数据来源于英国银行家协会和咨询公司 EY 发布的报告。

流动的安全性。另外，金融行业并不是可以从信息共享中获益的唯一部门。所有商业网络都应该要求成员组织之间实现信息自由、安全流动。通过分享信息、过程和技术，商业网络成员可以提高财务数据的安全性与合法性，而通过进一步协调信息的收集、存储和检索流程，也能够降低运营成本。

2014 年，比特币作为虚拟货币的流行，引起各国政府监管政策的改进。3 月，美国国税局裁定比特币是财产而非货币，适用规管股票和以物易物交易的规则。这是美国国税局首次就比特币问题的实质性进行判定。根据这份指引，以 1 美元买进的比特币如果被用于购买价格为 2 美元的咖啡，将触发购买者 1 美元资本收益，咖啡店从中得到的收入将是 2 美元。国税局发布的指引为投资者带来更大确定性，同时确定了比特币的可能所得税纳税义务。

在面临将比特币认定为货币还是财产的问题时，美国国税局选择了后者。纽约大学的税法教授约书华 - 布兰克（Joshua Blank）在 2013 年 12 月的一次访问中曾说，“危险之处在于一个类似现金经济的电子黑市的诞生。这也是美国国税局希望避免的情况”。比特这一概念币源于 2008 年发表的、作者名为“中本聪”的一篇论文中。比特币网络使用一份公开总账来记录基于化名系统的所有交易，这种技术上的突破使得买入和卖出都可以在没有一个类似维萨和西联这样可信第三方参与的情况下进行。大量功能强大的电脑被用于记录交易、防止同一货币被重复使用，以及通过名为挖矿的过程来生产新的比特币。这一设计使得很多早期的比特币参与者成为以美元价值衡量的富翁。2013 年初，大量新人开始参与比特币交易，比特币的价格在之后实现了 50 倍的增长，并在 2013 年 12 月达到 1 比特币兑换 1200 美元的峰值。

根据美国国税局的指引，比特币投资者将被视为等同股票投资者；持有比特币超过一年再出售时，将适用更低的资本收益税率，这种情况下的最高税率是 23.8%，相比之下，持有周期不足一年出售时则最高适用 43.4% 的税率。对那些蒙受交易损失的投资者，美国税法允许纳税人从任何资本收益中扣除这部分资本损失；纳税人还可以从当年的一般收入中扣除最高 3000 美元的资本损失。和股票一样，比特币的交易将不允许过程中的资本收益处理。比特币挖矿者将被要求以应税收入的类别来报告其收益，其价值将以比特币被挖出当天的价格来判定。如果挖矿是经营内容的一部分，挖矿者将需要缴纳薪酬税。根据指引内容，美国国税局将要求纳税人以类似股票交易和向独立承包商进行类似付款的方式向其提交比特币交易的相关信息。指引从发布之时即时生效，在覆盖未来交易和报税的同时，也追溯过往交易。国税局在通告中说，只要报税人可以为任何不足的税款支付以及没有提交申报给出“合理的原因”，将对在指引发布当日之前进行过交易的纳税人给出罚款上的减免。

早前，日本、新加坡、德国、挪威和英国 5 个国家已经表示将对比特币征税，随着美国的加入，比特币交易征税的大潮可能会在全球范围内形成。

2014 年初，世界最大比特币交易网站 Mt. Gox 在日本申请破产，声称丢失了 85 万个比特币。虚拟货币开始遭遇全球监管部门的审查。2014 年 7 月，欧盟叫停比特币交易，直到有关监管比特币交易的法案出台再恢复正常。欧盟银行业管理局（European Banking Authority，简称 EBA）号召欧盟出台监管法规，以确保个人或机构不能操纵“某一虚拟货币化”。而在相关法规出台之前，欧盟国家内的银行不应该再购买、持有、出售虚拟货币。2014 年底，中国央行要求金融机构禁止参与虚拟货币交易。

新加坡成为亚洲首个将比特币交易纳入监管的国家。新加坡金融管理局表示，将要求买入、卖出或者撮合虚拟货币与真实货币兑换的交易商核实客户身份并报告可疑交易。这和该机构对货币兑换商的要求大体相同。

服务创新篇

Service Innovation

B.3
平台化和开放数据促进电子政务创新发展

殷利梅 *

摘　要：一直以来，政府先行是世界大多数国家（地区）信息化建设的优先选择。随着信息通信技术的蓬勃发展，电子政务也迎来了崭新的发展机遇期，2014 年全球电子政务平稳发展中不乏亮点。以政府门户网站、智能终端、移动应用程序、社交媒体、众包等为代表的多种服务渠道不断涌现，使得公众，特别是偏远和不发达地区的公众有机会获得更多更好的公共服务。开放数据的理念也在各国政府中得到普及，开放政府数据范

* 殷利梅，工信部电子科学技术情报研究所信息化研究与促进中心工程师，硕士，专注于电子政务和智慧城市领域研究。

围逐步扩大，从战略到实施取得明显成效，在此基础上的公众参与和政府跨部门协作也取得了较大进展。政务云应用深化的同时仍纠结于安全和隐私，政府大数据应用取得进展的同时落后于商业领域，因此新技术在电子政务中的应用要想取得较大突破，依然任重而道远。

关键词：电子政务　公共服务　政府治理　开放数据　云计算　大数据

在全球信息化和互联网浪潮的冲击下，各国政府应该迎潮而上，顺势而为，勇当发展急先锋。2014 年 7 月，联合国发布《2014 年电子政务调查报告——电子政务成就我们希望的未来》，报告提出了电子政务可持续发展的重要内容，其主题与解决当今社会面临的经济、社会、环境等复杂多样的挑战密切相关。纵观 2014 年，全球电子政务平稳发展中不乏亮点。通过利用信息通信技术手段，政府提供公共服务的渠道更加多样、范围更加广泛、内容更加丰富，其中不乏创新应用，特别是一些经济欠发达、偏远的农村和落后地区陆续从电子政务发展中获益。政府治理的理念也逐渐发展转变，开放政府数据的大规模兴起和发展，使得政府正在向以公民为中心的透明、开放和平台型政府靠拢。同时，政务云应用进一步深化，大数据开始受到政府部门的广泛重视，这些都极有可能成为未来电子政务创新发展的重要抓手。

一　数字公共服务手段灵活多样，促进内容创新提升服务质量

随着信息通信技术的发展，特别是互联网的普及，各国政府不断

开发丰富的平台，为公众提供更多更好的公共服务。联合国193个成员国均拥有某种形式的政府网站，政府网站普及率达到100%。欧盟委员会开展的一项对28000名欧盟公民的调查显示，每两个欧盟成员国公民中就有一个通过数字途径使用政府服务。

结合需求推出多渠道公共服务。以政府门户网站、智能终端、移动应用程序、社交媒体、众包等为代表的多种服务渠道不断涌现，为公众在任何地方、任何时间都能获取信息和服务提供了可能。一方面，根据公众不同的需求和当地的基础条件，选择适合的方式和渠道至关重要，比如在经济欠发达、地域广阔的非洲利用移动终端提供公共服务得到了广泛应用。另一方面，在节约成本的前提下，政府也要考虑多种渠道的优化组合、互为补充，进一步完善服务质量，提高服务效率，比如多国政府门户网站在提供传统在线服务的同时，大多推出移动终端版。

谷歌2014年最新发布了一项名为消费者晴雨表（The Consumer Baromete）的报告，调查了全球46个国家和地区的用户，报告显示，新加坡和韩国在全球拥有最高的智能手机普及率，分别是85%和80%，研究表明，亚洲国家的用户更趋向于使用智能手机上网，而在欧美等西方国家，人们更倾向于使用计算机上网。究其原因是廉价的智能手机让互联网更加触手可及，因此智能手机能够在亚洲、非洲、拉美等一些经济相对欠发达的国家和地区迅速普及。

以非洲为例，非洲智能手机的推广速度之快令人咂舌，65%的人口实现了人手一机①，如今，数百万非洲人通过互联网与外界联系，能迅速获得传染病或水污染等与生活息息相关的信息。智能手机也同样用在了抗击今年肆虐非洲的埃博拉病毒上，尼日利亚电信运营商可以提供感染病人的通话数据记录，跟踪患病用户所处的位置，从而了

① 美国国家情报委员会：《全球趋势2030年：变幻的世界》。

解过去一段时间以来的活动轨迹和接触的人。科特迪瓦政府向公民发送了大量埃博拉警告短信，这些短信还教育公民如何避免感染。在塞拉利昂，美国红十字会利用 Tera 系统向疫区的所有手机发送短信，这种公共警告与美国和加拿大的安珀警戒（AMBER Alert）非常相似。也有开发者开发了疫区导航地图软件，更多的手机和更多的网络可以改进埃博拉疫情传播预测模型。通过跟踪更多的手机和更多的网络，研究人员可以确定采取何种公共干预和通信措施，这是降低传染病传播速度的最佳途径之一。

社交媒体也是近两年兴起的贴近公众的服务方式，社交媒体通常应用消费平台和非政府平台，所以不需要较高的投入，受到各国政府的广泛欢迎。以美国为例，美国政府部门越来越倾向于利用社交媒体与百姓互动，发布信息并收集有价值的数据。多年来美国国土安全部和联邦调查局一直利用社交媒体监控可疑恐怖分子和嫌疑犯。美国疾病控制中心也利用社交媒体网站收集数据，随时监控健康问题。其中值得关注的项目还包括 Grade. DC. gov 网站，这个网站由哥伦比亚特区推出，目标是从社交媒体的内容和评论中收集数据并进行分析，从而得出某些有价值的结论。举例来说，哥伦比亚特区的老龄部从社交媒体上获得公众对某个老年服务中心餐饮服务的评价，那么通过 Grade. DC. gov 网站，政府可以对供餐安排做适应老年人的调整。另外，该网站还开创性地设计了五分制评分，让民众对政府机构进行评价。从过去两年收到的评分看，项目刚推出时，民众的反馈和评价并不高。比如 2012 年 4 月上线的五个政府机构中，其中四个机构的评分都是 C^- 或者 C^+。而到了 2013 年 12 月发布的十五家政府机构评分中，有九家的评分为 A，只有两个 C、一个 D。在不改变评分机制的情况下，这些政府机构的分数也会不断上升，可见该网站的建立较好地提高了政府提供公共服务的水平。

中国的党政微博微信近年来发展迅速。2014 年 7 月，人民网舆情监测室先后与新浪微博和腾讯微博联合发布了《2014 年上半年新浪政务微博报告》和《2014 上半年度腾讯政务微博发展研究报告》，新浪政务微博报告显示，截止到 2014 年 6 月 26 日，新浪微博平台认证的政务微博达到 119169 个，较上年底增加 19018 个。其中党政机构官方微博达到 84377 个，公职人员微博 34792 个。部委微博在政务微博矩阵中仍然发挥较强影响力，基层政务微博的影响力也迅速提升。在政务微博和公职人员微博影响力 top1000 排行中，基层政务微博和公职人员微博占到 72.7%。报告指出，政务微博的信息公开职能进一步强化，与网友的互动则呈现爆发式增长。2014 年上半年政务微博发博总数 2435 万条，被转评 3.17 亿次，转评量接近过去 3 年的总和。政务微博的服务职能也得到提升，尤其是依托粉丝服务平台提供的智能化和个性化服务，使政务微博有望成为公众生活中的“水电煤”。腾讯政务微博报告显示，截止到 2014 年 6 月 15 日，经腾讯微博平台认证的政务微博已达 181524 个，其中党政机构微博 111728 个，公务人员微博 69796 个。政务微信认证数超过 5000 个，其中，有 58 个中央部委微博，29 个中央部委微信，有 22 家中央机构同时开通微博微信，实现双微联动，“国家队”的崛起也意味着政务新媒体应用将进入全新的“双微时代”。

专栏一　美国纽约城市 24/7 信息共享和互动平台①

“城市 24/7”是由纽约市政府和企业联合启动的城市信息共享和互动平台，它集成了政府、当地企业和公民的信息，以便在任何时间、任何地点、任何设备上提供丰富和有价值的信息。这些信息显示在耐用且易于使用的智能屏幕上，替换那些已经过时无用的公共设施，比如位于公交站、火车站、主干道、商场和体育场所的付

① 工业和信息化部电子科学技术情报研究所：《全球智慧城市精选案例集》。

费电话。

城市24/7智能屏幕利用触摸、语音和音频技术，实时提供广泛的超本地化的信息服务。附近的智能手机、平板电脑和笔记本电脑也可以通过无线网访问智能屏幕。除了提供本地事件和商业信息外，城市24/7智能屏幕还及时提供安全警示，以保证人们的安全。城市24/7智能屏幕的设计理念是“所有人都可访问”，支持多种语言和残疾人士使用。智能屏幕包括：

- 为听力受损人士提供感应圈和耳机插孔；
- 为有视力障碍人士提供高对比度屏幕模式；
- 为带有导盲犬和拐杖的人士提供视觉识别；
- 为盲人提供引路人钥匙链接入和移动应用；
- 为轮椅人士提供动态翻转屏。

城市24/7平台的总体目标是通知、保护和振兴。

“通知”指的是公众与城市24/7智能屏幕互动，可立即获得与其紧密相关的信息。例如，当地居民可以查看实时邻里新闻，了解当地的活动节目，找到附近餐馆酒吧的评论，并接收附近商家的优惠促销活动信息。对游客来说，智能屏幕可以告诉他们鲜为人知的景点和当地热门地点折扣消息，并给他们的旅行计划提出建议以完善旅游体验。从更深层面来说，城市24/7扩大了政府和私营企业的服务范围，以满足市民的需求，同时也为公众提供了交流和建设自己社区的平台。

“保护”指的是城市24/7在提高周边地区安全性中发挥了重要作用。一旦全面部署，智能屏幕就可以通过全市范围内的传感、通信和响应网络，及时直接通知当地警察和消防部门。政府官员使用智能屏幕中的传感器可以提醒人们注意危险化学品和生物危害等，从而避免其受到损害。政府也可以根据城市24/7的视频回传网络查看实况，调取已发生的画面，协助解决犯罪问题。

“振兴”指的是通知并保护市民、游客，城市就更容易通过提高电子商务水平、增加投资和发展旅游业实现蓬勃发展。此外，公众知情并参与其中，更乐意改善自己的社区。在这种情况下，资产价值增加，为政府增加更多税收，从而使得城市可以提供更优质的服务，进一步繁荣社区。从更广泛的角度来看，城市24/7智能屏幕为广告商与当地消费者接触创造了新的获利机会。例如，广告商可以有针对性地将广告推广到附近智能手机和平板电脑上，包括优惠券、打折促销信息等。

向弱势群体服务，缩小数字鸿沟。我们看到，在数字鸿沟发展过程中既有发达国家和发展中国家之间的数字鸿沟，也有一个国家内部的城乡鸿沟。基础设施、语言、性别、收入等因素都可能造成数字鸿沟，而且数字鸿沟已经逐渐由相关信息、技术基础设施的可获得性问题，转变为信息通信技术获得和使用的能力问题，强化电子政务在缩小数字鸿沟中的作用就是要找到问题根源，弥合这些鸿沟。

2014年，很多国家政府部门逐渐关注信息通信技术使用与教育培训、提高弱势群体信息素养、促进就业之间的联系。在韩国政府的资助下，京畿道女性发展中心建立了梦之翼在线学习门户（Dreamwings Online Learning Portal）①，提供远程学习服务和超过300个关于办公、医疗、社保、IT和外语等方面的课程。该门户2004年推出时是京畿道针对女性的一个当地网站，2011年开始在全国范围推广。2010年，该门户扩展了服务，囊括了职业发展扶持和诊断分析服务，比如能力和就业诊断是通过四步分析一个求职者的就业前景，即就业诊断、职业诊断、性向测试和职业能力测试。截至目前，大约有2万

① http：//intl. ce. cn/specials/zxgjzh/201404/09/t20140409_ 2624404. shtml.

民众使用了该诊断服务。该网站的移动版“Smart Dream-wings”于2012年推出，大约有70位职业导师提供在线一对一的咨询服务。到目前为止，职业导师项目已帮助了13800名女性，其中1800人实现了她们的职业理想并找到工作。

德国联邦劳动和社会事务部开发了虚拟劳动力市场（Virtual Labor Market，VLM）平台①，把求职者成功整合到劳动力市场中。虚拟劳动力市场平台由三部分组成，一个在线求职门户，一个支持就业服务和职业咨询的内部系统，以及一个从不同公司网站上在线收集职位的爬虫。求职者可以使用虚拟劳动力市场平台更好地管理求职申请，并根据雇主的不同需求调整简历。而同时，招聘公司可通过平台的服务和多项工具管理发布空缺职位。总体上看，虚拟劳动力市场增加了就业市场的透明性和可及程度，集中的数据库也让机构管理变得更为高效。求职门户通过整合的电子治理加强了沟通，与当前德国政府的数字政府议程相一致。

新加坡中央公积金（Central Provident Fund，CPF）为退休计划提供一系列数字服务②。无论公民是否熟悉IT技术，CPF都将满足每个公民的个性化需求。公民可跟踪退休公积金账户的增长情况，并使用互动式计算器和情景工具模拟未来的情况。公民还可得到相关建议更好地安排退休计划。如果账户中资金不足，还可充值。公民可以通过多种数字渠道全天候享受服务。如果用户对IT技术不甚了解，还可以通过电话咨询寻求帮助。如服务有任何变动，CPF成员都将收到短信通知。自2010年9月启动以来，已有近334万公民选择CPF的服务。通过减少纸质文件，CPF已节约将近115万美元。2010年，数字服务交易数量增长到4600万笔，同年柜台交易数量下降了

① http：//intl. ce. cn/specials/zxgjzh/201404/02/t20140402_ 2588507. shtml.

② http：//intl. ce. cn/specials/zxgjzh/201404/09/t20140409_ 2629109. shtml.

46%。

同样，对于不发达的非洲经济而言，现代信息技术尤其是互联网的飞速发展为非洲经济腾飞带来了机遇。国际电信联盟和麦肯锡公司联合进行的调查显示，互联网对非洲经济的影响巨大，可能给非洲带来数千亿美元的GDP。特别是在金融服务方面，互联网将降低交易成本，让远离银行或ATM的民众也能轻松地享受金融服务。随着数字化技术发展，预计到2025年，超过60%的非洲人能够享受银行服务，超过90%的人将使用移动钱包处理每日的交易与汇付业务。肯尼亚的移动银行服务m－Pesa就十分具有代表性，它以偏远和贫穷人群为主要用户，为他们提供便捷的支付、转账、存款等金融服务。

专栏二　肯尼亚移动银行服务m－Pesa风靡非洲①

非洲手机的普及为创新提供了条件，其中的典型应用是肯尼亚移动银行服务m－Pesa，这项服务可以使公众通过手机短信功能便捷地支付、转账、兑现等。该服务不仅仅在城市或大型商业机构使用，而且将偏远和贫穷人群当做主要用户，到2010年已有超过50%的肯尼亚人使用这项服务。

m－Pesa服务的好处有以下几个方面：一是生活在偏远地区的人们不必带着大量现金去市场或城镇交易，从而避免现金被劫或被盗的危险。二是没有固定住址或银行账户的人们可以把自己持有的任意一种现金充入m－Pesa账户，获得移动支付额度，进行支付、转账或存款。三是移民可以安全、简单地把钱转给家人或村民。四是企业不必依赖效率低下的银行或存在缺陷的基础系统就可以即时完成支付货款或维修款。

---

① http：//news. xinhuanet. com/mobile/2012－07/09/c_ 131702840. htm.

m－Pesa 服务的原理是：首先由小型店铺零售商组成一个网络，这些零售商注册成为 m－Pesa 代理商，然后顾客来到零售商店铺支付现金为手机充值，作为电子货币，只需发送一条文本消息和一个代码系统，这些电子货币就可以在不同手机用户之间交换和转账。如果收款人想要兑现，只需拿着自己的手机到最近的零售店铺，用文本短信就可以换成现金。目前肯尼亚 m－Pesa 代理商的数量已经超过银行支行数量。

图 1　一家 m－Pesa 代理商店面

除此之外，m－Pesa 系统还创造了大量就业机会，中介和零售商每月可以通过 m－Pesa 交易获得佣金，还可以为遭受旱灾的肯尼亚难民筹集资金，因此 m－Pesa 为肯尼亚的经济发展做出了非常大的贡献。

m－Pesa 的成功使得其他国家也开始效仿，像邻国乌干达。同样，巴西、印度等国的政府也希望用同样的系统给贫穷和偏远地区的人们带来更好的金融服务。

二 电子政务转变政府治理方式，促进公众参与跨部门协作

电子政务促进政府治理方式的转变体现在“参与”和“开放”。“参与”是公民参与政府事务管理和决策，企业能够从政府运行中获得相关的收益；“开放”则主要指政府信息资源的开放和共享，既有政府部门之间跨部门的整合共享协同，又有政府数据资源的社会化开发利用，服务于政府管理和公共服务的同时，为企业创造经济效益。2014 年，以信息通信技术为手段，公众参与的积极性大幅度提高，政府的跨部门整合也获得了较大进展，平台化趋势愈加明显，电子政务转变政府治理方式正在进行时。

以市民为中心促进公民参与。信息通信技术的应用使得政府越来越了解公众的需求，也使得公众越来越靠近政府机构，得以表达他们的心声和诉求。电子参与是通过信息通信技术使公众参与到政府决策过程中，使得政策的包容性更强，真正反映大多数人的心声，是传统公众参与的有效补充。

德国议会开通了电子服务 Bundestag. de[①]，通过 Bundestag. de 网站，人们可以轻松跟踪议会动态，参与到政府事务中，还可浏览时事深度分析。使用高级搜索功能，网民还能通过在线请愿、讨论组等参与互动，或在线预订参观德联邦议会。网站的数据库中包含大量丰富的内容，包含 6 万多个网页、8 万多份 PDF 文件和 6000 小时时长的视频资料。近 100 人组成的编辑团队及时维护议员、委员会和游说团体的资料，提供最新当日会议记录和简报，更新议会组织架构变动。在历史栏目中，人们还可以用虚拟游览的方式参观著名的国会大厦。

① http：//intl. ce. cn/specials/zxgjzh/201404/02/t20140402_ 2588507. shtml.

该网站内容还可通过智能手机或平板电脑的客户端访问。网站提供英语、法语和阿拉伯语三种语言。

为提高公民满意度，阿联酋政府努力拓展沟通渠道，了解民众需求，交付优秀的政府服务，开通了“阿联酋联邦反馈门户”——My Gov。① 门户网作为唯一渠道，为公民提供了与政府部门沟通的全方位平台。公民可以提交建议，帮助改善服务体验或表达对某些事宜的不满。门户网完整的管理框架能够及时有效地处理公民的反馈，再利用反馈信息拓展联邦政府服务范围，提高服务质量，提升公民满意度，满足《愿景2021》中把阿联酋打造为世界最好国家之一的要求。My Gov 提高了政府以及决策的透明度和责任感，通过鼓励公众参与政治话题，提高了公民参与程度。

企业获得经济效益是重点，各国政府通过搭建政府采购电子平台，使得企业充分获得政府采购信息从而获得效益。韩国在线电子采购系统 KONEPS 是一个一体化的电子采购门户②，集合了 120 个政府采购系统。该门户采用一次注册，用户即可参与公共竞标，为用户提供从采购管理、注册、竞标、签署合同到付款的一站式采购流程平台。所有关于公共采购通知的信息，包括投标、合同以及采购流程的实时跟踪等，都发布在该门户上。该门户允许用户浏览标准化的目录并下载电子表格。使用 KONEPS 的供应商还可享受服务费用折扣。通过将投标过程从 30 多个小时减少到不到 2 小时，这一自动化系统大大减少了见面会谈的需求，提高了效率，增加了公共招标的透明度，合同签约方每年节省 80 亿美元的交易成本，每年还减少 780 万张纸质文件的提交成本。目前，共有 45000 家公共机构和 244000 个供应商在使用 KONEPS。2012 年，

① http：//intl. ce. cn/specials/zxgjzh/201403/20/t20140320_ 2522758. shtml.

② http：//intl. ce. cn/specials/zxgjzh/201404/09/t20140409_ 2624404. shtml.

共有价值1010亿美元的交易在KONEPS上达成，其中包含66%的韩国公共采购交易。

专栏三　英国五个措施推进政府采购云

为了能够确保为用户提供更好的数字服务，英国政府五个措施推进政府采购云（G－Cloud）建设①。

1. 积累客户群，积极宣传和推广

据估计，政府采购云能够为3万个左右政府公共部门提供便利，但相关研究显示，近90%的地方政府官员从未听说过G－Cloud。因此政府正寻找更加顺畅的交流方式，与各个公共部门取得联系，让他们了解到云采购能够节省时间和资金，从而更有效地解决在使用云采购中产生的问题。英国政府已于2014年1月发布了新版政府云指南，为使用者提供更加清晰的指导，未来还将陆续提出建议，为解决买卖双方提出的问题提供帮助。另外，政府还应提高政府采购云的使用意识，多做推广和宣传。当然，最好的宣传方式是已经成功使用这一工具并取得实效的政府部门，向尚未使用的部门进行推荐。

2. 吸引供应商，特别是中小企业

供应商是政府采购云得以顺利应用的重要基础，目前政府采购云已经吸引了大量供应商。统计显示，政府采购云平台上84%的供应商为中小企业，因此政府正在努力让更多的中小企业更加公平地参与竞争和投标。英国政府数字服务小组正与多个贸易协会合作，确保能从英国各地不断地吸引最优秀的供应商加入。

3. 完善产品目录，提高服务质量

统计显示，英国政府采购商店上已经有1186家供应商出售的13000多种服务的产品目录。数量只是一个方面，政府采购商店还应

① http://intl.ce.cn/specials/zxgjzh/201403/05/t20140305_2423485.shtml.

在服务质量上下功夫。数字服务小组已经对平台上的服务展开全面系统的审核，目前已经删除约100项不符合要求的服务，而且新增的服务也必须接受审核这一流程。

4. 改进流程，重视安全认证

英国政府一直努力改进政府采购流程，并解决流程中出现的问题。目前的重点是解决安全认证的问题。2014年4月1日推出了新的安全保护标识，安全认证流程也随之进行了调整。

5. 以用户为中心，打造新型数字市场

英国政府云采购商店是公共部门数字采购的唯一市场。这一市场完全以用户需求为中心，符合默认数字服务标准（Digital by Default Service Standard）。

推进政府跨部门整合与协作。当前许多国家的职能运行仍然是20世纪初的公共行政管理模式，即各部门独立办事，以部门为单位解决问题。随着政府管理和服务需求的提升，跨部门的业务协调统一至关重要，原因有以下几个方面：一是当前发展面临的挑战，如消除贫困、环境可持续、预防灾害以及危机管理，单一政府部门单打独斗无法有效解决这些问题，需要各领域积极全面地响应和加强投入。二是从公众角度，希望政府能够提供高效、公平、以人为本的服务，需要政府从内部进行以需求为组织架构的流程梳理和向高度协作的架构转变，对公众来讲，只需面对一个政府部门，政府作为“一个整体”为公众提供高质量、全面的服务，从而改善服务提供和发挥更好的作用。三是随着公众对参加公共事务以及参与政府决策的要求日益提高，需要有创新型的治理和合作机制使其可以积极参与到影响他们生活的决策活动中去。四是政府的体系、机构和流程需要适应迅速变化的信息时代，在各个层次加强知识管理并利用信息通信技术促进发展，这也需要在国家和地方层面加强各级政府部门的协力合作。各国政府已经认识到这一点，逐步开展以电子政务为驱动，促进跨部门整合与协作的工作。

首先是组织机构上的支持，多国设立了首席信息官制度，成立独立统一的部门进行协调。联合国成员国中 42% 的国家提供电子政务首席信息官的信息，与之对应的是成立专门的部门负责电子政务事务。以英国为例，英国政府专门成立了“政府数字服务小组”（GDS，Government Digital Service），“政府数字服务小组”的具体工作内容包括：一是为中小企业提供创新解决方案；二是推动社会公众使用社交媒体、公民身份识别系统；三是整合政府部门的网站形成全新的 GOV. UK，为公众提供统一的“一站式”服务。“政府数字服务小组”既包括政府部门的公务人员，也包括媒体、设计、广告等私营企业的工作人员。值得一提的是，GDS 的服务始终保持公开和透明，如通过使用 Git 与广大公众沟通各种文档、标准和设计元素，不断把工作进展情况告知公众。此外，GDS 还制定了政府数字服务设计准则测试版，具体要求包括：以用户需求为中心，通过数据分析寻找用户真正的需求，提供优质的服务；政府应明确职责，提供本应该由政府提供的数据；引导用户知晓并理解政府颁布的各项政策；充分利用已有的软硬件基础设施；在设计风格上要通用易读，不必过分追求美观；在实际提供服务的基础上，充分将虚拟的数字服务与现实结合起来；尽量用标准统一的语言和设计；以开放、分享的理念，将进程、想法、设计、代码进行分享。通过以上措施，英国政府电子政务的服务质量不断提高，用户体验不断增强，值得其他国家学习和借鉴。

然后是基础设施的整合，基础设施的整合相对容易实施，这种整合的结果体现在服务提供的便利性上。比如，英国政府数字服务小组（GDS）计划对英国政府各个部门的托管服务器进行整合形成新的服务器，预计到 2018 年能够每年为英国政府节省约 5. 3 亿英镑的 IT 预算开支。再比如美国对分散在各地的政府数据中心进行整合，但是有消息显示，自2010年开展的美国政府数据中心整合计划效果低于预期。

再有就是建立专门的门户网站，通过从单一的入口进入便可获得综合服务。例如瑞典的三大政府机构：瑞典公司注册办公室、瑞典税务部、瑞典经济与区域发展部，已经联合起来搭建了瑞典商业注册门户网站，使企业家可以在同一网站登录获取服务。巴西巴伊亚公民援助服务中心将500多个联邦、州、市的机构聚集在一起，便于公众享受政府提供的服务，其便利程度可以与购物商场、大型公共运输中心相媲美。

最后是整合不同部门的信息放到一个综合平台上，使得公众获得一站式、一窗式服务。例如韩国政府总体架构（GEA），把面向民众、企业和政府机构的跨政府服务整合到一个平台上，它的特点是标准化的电子目录系统。另外，它的电子授权和电子签名系统也解决了供应商身份确认和信息审核的问题。GEA将商业流程从75步简化为15步，将处理时间从4周缩短到1周。截至2012年10月，1400家公共机构的15000个电子政务系统被整合到了GEA上。2009~2011年期间，通过管理软件和硬件的ICT投资，GEA节约开支2.4亿美元。这一架构也增加了公共投资的透明度和可信度。

英国政府已下大力气改善公共服务。例如，其推出了“一次申报机制”[①]。该机制是一个跨政府部门的项目，民众只需通过一个联系点向中央政府和地方政府（如英国劳务和养老金部以及驾驶员和车辆许可管理局）申报出生和死亡信息，英国中央政府就可采取整合方式改善与该项目相关的服务交互。英国中央政府与地方政府通力合作，优化该项服务，便于民众选择该项服务。该项目的普及率非常高，有96%的地方政府选择使用该服务，中央政府与地方政府间的

① http://intl.ce.cn/specials/zxgjzh/201404/01/t20140401_2582414.shtml.

合作也非常紧密。它大大简化了民众与政府互动的复杂性。例如，原来申报出生时，民众需要向不同的政府机构申报 44 次。2011 年 9 月，70% 的民众选择了死亡申报服务，而有 90% 的民众选择了出生申报服务。预计在未来十年内，该项目的实施将为中央和地方政府缩减 3.02 亿美元的开支，同时也为民众节约 1.04 亿美元的支出。

在整合跨部门服务方面，阿联酋内政部最近启动了联邦车辆门户网——Markabati①，为与车辆相关的手续提供了多个既统一又互动的综合性门户网站。这一网站将人们与相关公有部门和私有部门机构连接起来，为交通服务、政府机构、海关和保险服务、车辆维修店、配件信息、报告管理系统、电子支付门户和租车公司提供统一入口。人们可以在 Markabati 网站买卖车辆、申请驾照、购买车险、实施车检和续租车辆。该网站还与其他相关政府机构门户相关联，供其发布与车辆相关的文件。

三　开放政府数据范围逐步扩大，从战略到实施取得明显成效

数据一直都是一种战略资源，开放政府数据（OGD）是提高社会参与度与透明度的一个重要途径，有利于在政府和公众之间架起一道桥梁，可以有效地带动资源的高效利用和公共服务质量的提升。同时，开放政府数据也体现政府的转型、理念的转变。

1. 行动展开不断扩大开放范围

联合国 193 个成员国中有 46 个国家拥有专门的数据开放门户网站。目前参与开放数据运动的国家既包括美国、英国、日本、韩国、澳大利亚等发达国家，也包括印度、巴西、肯尼亚等发展中国家，还

① http：//intl. ce. cn/specials/zxgjzh/201403/19/t20140319_ 2514034. shtml.

包括联合国（UN）、经济合作与发展组织（OECD）、世界银行（WB）等国际组织①。尤其是发展中国家对开放政府数据抱有极大热情，近几年行动迅速，据欧盟公共信息平台2013年《发展中国家公共数据开放》报告统计②，目前，全世界有42个国家成立了国家公共数据开放平台，其中包括12个发展中国家，这些发展中国家的公共数据开放项目都是过去三年内成立的。非洲第一个公共数据开放平台于2011年在肯尼亚启动。非洲只有突尼斯、摩洛哥和加纳三国新增了公共数据开放项目，非洲发展银行是非洲第一个采用公共数据开放方式并提供大量数据集的区域性组织，摩尔多瓦是欧洲发展中国家中唯一一个拥有公共数据开放项目的国家。亚太地区有12个国家拥有公共数据开放网站，其中3个是发展中国家：中国、印度和东帝汶。拉丁美洲有5个国家拥有公共数据开放网站，分别是智力、秘鲁、乌拉圭、巴西和墨西哥。

开放政府伙伴关系（OGP）等开放数据组织在促进政府行动方面也发挥了积极作用。截止到2014年2月10日，全球已有63个国家加入了OGP这一组织。2014年5月6日，由印度尼西亚主办的OGP年会在巴厘岛登帕萨努沙杜阿会议中心开幕。来自英国、美国、巴西、挪威、南非、印度尼西亚、菲律宾、墨西哥等63个国家的近千名代表出席当天的会议。在为期两天的会议期间，与会者就国家政府和社区交流的平台、提高政府和社区的透明度、公众的广泛参与和问责等议题进行经验交流，旨在通过国家政策调整增加官方数据透明度并打击腐败。

2013年6月，美国、法国、英国、德国、日本、意大利、加拿大和俄罗斯等八国集团首脑在北爱尔兰峰会上签署了《八国集团开

---

① http：//www. ccpitecc. com/article. asp？ id =5446.

② http：//www. cietc. org/article. asp？ id =5892.

放数据宪章》，承诺在2013年年底之前制定开放数据行动方案，各国政府已经基本上按照这个时间公布了方案。如美国政府2013年12月5日发布《开放政府合作伙伴——美国第二次开放政府国家行动方案》，在第一次方案的基础上指出，要将政府数据按照战略资产进行管理，同时对data. gov数据门户网站进行改进，在数据开放方面，增强农业、营养和自然灾害等相关数据的开放。同时，英国和法国也在2013年11月发布了各自国家的开放数据行动计划，共同点是：明确发布高价值的数据集，支持开放数据创新，注重与社会公众加强沟通，一方面明确优先公布的数据，另一方面完善相关政策。另外，英国还强调各政府部门要明确开放数据的方向，更新各部门的开放数据战略。

从具体数据来看，截至2014年4月11日，法国的国家开放数据门户网站data. gouv. fr已有2300多名注册用户，并有超过900个数据集得到了再利用。截止到2014年6月底，data. gouv. fr已有1.3万个数据集，参与机构超300个，注册用户超过3000名。截至2014年2月10日，新加坡统一数据门户网站data. gov. sg实现了全国范围内的整合，一共开放了68个部门8733个数据集。截至2014年2月10日，美国的数据门户data. gov的参与部门达到175个，一共开放了88137个数据集、349个应用程序、140个移动应用。

政府主动对接创造开放条件。各国政府除了采取设立数据开放网站这种形式公开公共数据以外，还创造很多其他有助于开放的条件。

通过发布开放数据指南和规范引导政府开放数据。法国国家开放数据办公室（Etalab）公布了《开放数据发布指南》，以便规范政府开放数据的发布。Etalab在《开放数据发布指南》中指出，发布数据集应包含11项内容：标题、描述、涵盖的地理范围和颗粒度、时间范围和频率、开放协议、关键词、可视度、资源、发布部门、联系方式、主题。

专栏四　法国国家开放数据办公室 Etalab《开放数据发布指南》的具体解析[①]

一、标题（强制要求）

标题是数据内容的“点睛”之处，要求表达清晰、准确并尽可能简短。标题中不可包含时间和地理信息。

标题范例：“地方税收”、“矿业公司环境影响情况”；标题不妥的例子：“2012 年洛林地区税收”、“在地方领土整治评议会更新评定标准框架下的矿业公司环境影响情况”。

二、描述

结合数据的事件、关键词、信息来源、方法论等进行描述。做好数据描述，应首先考虑网民会从什么角度搜索数据。譬如，对于环境影响方面的数据，描述内容可包括单位（碳/吨）、环境外部性、矿业对环境影响的主要负面因素和积极因素等。

三、数据集涵盖的地理范围及颗粒度

在此项下可描述数据集涵盖的地理范围，并指出数据集颗粒度。颗粒度可帮助明确数据集属于大范围（譬如，地理范围－法国，颗粒度－法国），还是小范围（譬如，地理范围－大区、颗粒度－市镇）。

四、数据集时间范围和频率

与地理范围类似，数据集的时间范围可帮助确定数据集的时间跨度。假如是同一年的数据，应指出当年第一天和最后一天的日期；假如以学校上课时间为基准，时间范围即确定为“＊＊年9月1日至＊＊年6月30日”。

数据集频率是指时间范围内数据的统计周期，譬如“月”、“年”等。

五、开放协议

一般情况下，数据公布者选择的是“开放许可协议（Open

① http：//www.ccpitecc.com/article.asp? id＝5585.

Licence)”，仅在数据集中公布的再利用数据可选用“关闭协议”。

六、关键词

关键词有利于横向搜索，需要注意的是尽可能选择已应用在其他数据集中的关键词，否则孤立的关键词对数据集的搜索帮助微乎其微。

七、可视度

数据集可根据需要设置成“公开”或“私人”。

八、资源

每个数据集至少公布一个资源，假如数据集包含了多个部门、多个年度，亦可公布多个文件。但是，为方便数据再利用，文件内容尽可能密集。譬如，尽可能在同一个文件中包含一个部门和多个年度，而不是分成100个仅包含一个部门和一个年度的文件。

每个资源应设置标题，标题中应标注数据标准、单位、颗粒度等，而不是简单地复制数据集标题。标题范例：法人、部门、年度文件；部门、千欧、碳/吨数据文件；城市、道路类型网站等。

此外，还可对资源进行描述，描述的内容可包括：方法论说明（调查、问卷、财务数据）、数据内容精确（文件包含几个栏目）或其他信息。

同时，若数据发布者本身有门户网站，建议标注数据链接，可减少数据更新工作量。

九、数据发布部门

可标注数据由哪个机构发布。

十、联系方式

可标注数据发布者电子邮件地址。

十一、主题

与关键词类似，主题有助于数据集分类，譬如农业、文化、社会、土地等。一个数据集可包含一至两个主题。

通过制订计划和实施项目寻求开放政府数据。2014 年 4 月 8 日，美国政府在华盛顿举行的数据创新中心论坛上公布：美国商务部、劳工部、运输部和财政部等五个内阁级政府部门正在采取新的措施，扩大以上机构政府数据的市场。即通过纽约大学治理实验室（GovLab）的一个项目，举办其机构数据的某些最大用户参与的“开放数据圆桌”。通过这个“圆桌”加强联邦政府部门与用户之间的联系，使政府部门了解用户对哪些信息转变成产品和公共服务感兴趣，从而使这些机构数据发挥最大的效用。另外，新加坡政府也于2014 年11 月24 日宣布，将成立直属总理公署的智慧国咨询与行政办公室（Smart Nation Programme Office），负责统筹及推动各部门、研究机构和民间研发智慧型器材及应用程序，全面通过科技改善生活。同时宣布推出一项“虚拟新加坡”计划（Virtual Singapore），开放国家地图，允许公众分享地理空间资料，汇集民间和业界的努力，为新加坡创建一个三维综合地图。这项计划由资讯通信发展管理局、土地管理局和新加坡国立研究基金会联合进行。新地图将置有建筑物、地势、环境等信息，民众和研究机构可利用这些数据进行模拟测试，例如，国家环境局可模拟大雨后哪些地区最有可能发生淹水并着手解决问题。

专栏五　新加坡国家环保总局开放数据

随着城镇化发展和人口快速增长，新加坡国家环保总局（NEA）亟须解决方案管理紧张的土地使用，缓解环境压力。NEA 通过数字政府计划利用智能技术与其他政府部门和公众共享空气质量、公共健康和气候条件等环境数据。

NEA 与政府数据中心分享的百余个环境和空间数据库可供其他公共机构使用。公众可通过该局官网（www. data. gov. sg）访问该局提供的 75 个数据库和八层地图资源。NEA 还与公共事业委员会（Public Utilities Board）合作，共同分析环境数据并通过手机 App 与公众分享。除此之外，水位、暴洪风险和暴雨等信息将通过短信向公众发布，使环境危机管理更加高效。

四　新技术在电子政务中应用稳步推进，进展与问题同时存在

因为同时面临着提高效率、降低成本的压力，各国政府积极采取措施寻求新的技术手段，特别是用新一代信息技术手段进行政府管理和公共服务。各国积极支持云计算、大数据等在电子政务中的应用，政务云应用不断深化，但是安全和隐私问题越来越受到关注，各国普遍比较谨慎，出现了两种完全不同的态度。在大数据应用方面，虽然政府掌握了大量数据资源，积极推动应用，但是由于动力不足，仍然落后于商业领域。

政务云应用深化的同时仍纠结于安全和隐私。很多国家已经将基于云计算的电子政务列入了国家战略，还有一些国家已经投入应用。如澳大利亚政府积极出台政策，鼓励使用云服务，以便更高效地利用资金，更好地为民众提供服务。例如：一是组建国家云计算咨询委员会，成员由私营企业家和云计算技术专家等组成，希望从这些人那里获得关于云计算的相关意见和建议。二是政府在采购新的信息技术服务时优先考虑云计算。三是政府审核过去三年来所有的政府 IT 采购项目，对投入产出进行评估，找出浪费资源的地方，希望通过云计算能够节约成本，为今后的采购提供指导，从而能够提高政府部门的工作效率，同时为公众提供更好的服务。

英国政府鼓励各部门和机构利用云技术节约成本，并提高 IT 系统的使用效率，更进一步地推动政府机构改革。KABLE 公司预测，与私营部门相比，英国政府在云计算上的花销将超过私营部门。英国

政府的政府云倡议公共部门向中小企业采购云服务。这一倡议已经执行了三个年头，将公共部门采购中小企业云服务开支提高到占总采购支出的20%，并计划在2015年3月达到25%。英国皇家税务和海关总署已经通过云技术应用减少了工作人员与公众的面对面接触，有了云技术的配合工作人员可以（远程）访问英国皇家税务和海关总署的记录。同时，总署已经使用云主机服务以在线方式更新税收抵免，现在超过20万次的更新已经在线完成，极大地提高了工作效率。

新加坡政府云（The Government Cloud，G－Cloud）提供了安全可靠的ICT共享环境，各个政府机构可方便快捷地在政府云上按需采购计算资源。《阿联酋联邦数字政府计划2014》的目标是推动数字服务的全面采用。该计划将促进数字服务法律环境的改善，获取先进ICT基础设施，为联邦政府的数字政府和云计算战略搭建制度框架。

另外亚太云计算协会（ACCA）发布的2014年最新云就绪指数①报告显示，亚太国家和地区的云计算情况排名中，日本、新西兰和澳大利亚位列前三。2013年底埃森哲公司对美国政府云计算进展情况的一项调查显示，美国国防部、财政部、商务部、农业部、能源部、司法部等26家政府机构努力推动政府云计算战略，但是在推行过程中也遇到了一定阻碍，如人员不足和采购流程繁琐，因此进展未能如预期。

虽然政务云应用不断深入，但是安全和隐私问题仍然受到各国政府的广泛关注。丹麦政府2009年就开始讨论在公共部门应用云计算，但是因为安全和隐私保护问题，云计算裹步不前。关于安全和隐私保护出现了两种截然不同的观点。一种是相对宽松的观点，认为不应该将云计算安全与其他信息技术安全区别对待。比如澳大利亚政府就认

① 云就绪指数包括：隐私、数据主权、国际连通性、宽带质量、政府监管环境和使用情况、电网和环保政策、知识产权保护、商业效率指数、数据中心风险和互联网过滤措施。

为对待云计算的安全性应该辩证地考虑现有的云计算技术与其他可替代技术相比哪个安全性更强。而且对待安全问题应分级分类考虑，不同的政府部门应该综合衡量，部署不同层级的云服务，如公共云、社区云和私有云。同样在政府监管方面，澳大利亚政府也认为应采取宽松的监管方式，与其他技术和应用一样对云计算采取无差别对待，而且澳大利亚已有完善的监管法规，无需对云技术进行额外监管。但是，另一种相对保守谨慎的观点在认同云计算能够改善政府日常工作行为的同时，对使用云计算管理敏感的数据持保留态度。

政府大数据应用取得进展的同时落后于商业领域。目前来看，企业正引领大数据应用的发展，政府部门也反应迅速，积极利用大数据提升和改善公共服务质量，为政府决策提供有效支撑。根据麦肯锡的报告，大数据技术可为欧盟23个最大的政府公共部门管理活动的成本提供15%～20%的下降空间，在未来10年每年创造1500亿～3000亿欧元的价值，并将公共部门的预计效率提高0.5个百分点。

2014年1月17日，美国总统奥巴马就情报收集活动发表讲话，并宣布实施一个为期90天的研究计划。以这项研究计划为契机，2014年5月1日，奥巴马政府高级官员向白宫提交了一份名为《大数据：抓住机遇，创造价值》的报告，报告指出如何使政府和私营部门最大化利用大数据，并通过大数据改变人们之间的关系，同时也强调了大数据带来的促进经济增长、提高公共服务水平、促进国家安全等方面的机遇。

专栏六　美国《大数据：抓住机遇，创造价值》报告的7个重要结论①

1. 大数据势不可挡。大数据将会贯穿包括拥有科技任务的部门

① http：//intl. ce. cn/specials/zxgjzh/201405/27/t20140527_ 2882436. shtml.

和机构，以及之前没有广泛利用先进数据分析技术的部门和机构在内的整个政府部门。

2. 大数据促进各级政府转型。大数据不但会给联邦一级政府，而且会给各州和市一级政府带来变革。

3. 修改《电子通信隐私法》。美国信息技术和科学委员会（ITI）也将继续倡导这一法令的革新，以获得新的执法授权。

4. 定制化的学习新时代。未来几年大数据在教学中的应用将取得实质性突破，这种个性化的教与学将应用于幼儿园、小学、中学、大学等各层次的教学中。

5. 数据分析不是所有的开始，也不是所有的结束。大数据分析必须尊重公民的自由和权利，大数据分析的合法性必须得到保障，但要区别于刑事调查、隐私保护和个人自由权。

6. 大数据是新的国家资源。在存储时，数据应保证安全性，以便能随时提供给公众。在应用中，鼓励通过 data. gov 网站，开放数据和发布有价值的数据集，充分保存和利用大数据。

7. 大数据需要投资和资源。同其他领域一样，大数据也需要投资和资源。

美国国立卫生研究院（NIH）积极利用大数据开展相关研究。NIH 联合美国国家科学基金会实施了提高大数据科学与工程核心技术的规划，截止到 2014 年 2 月，NIH 已经累计有上百万亿字节的人类遗传变异数据，研究人员据此可以进行海量数据的分析与研究。同年 10 月，NIH 又提供了 3200 万美元用以支持开展若干生物医药领域的大数据研究项目，这也是 NIH “大数据到知识” 计划的一部分。美国其他政府机构也开始进行大数据研究和利用。如美国国防部利用大数据发展自主机器人系统。美国国家税务局通过大数据分析检查、预防和处理避税和诈骗案。近期，美国芝加哥市提出一项计划，在城市中安装一种多功能路灯，其除了照明外，还可以通过传感器搜集城市中的大量数据，包括光线强弱、降雨量、风速、空气质量、来往人次等，这些数据有望被公开并上传到数据平台，让所有人都能够获得并开发手机 APP。

2014 年，英国宣布建立图灵大数据研究院，确保未来英国大数据发展在经济和社会中处于领导地位。法国政府也开展了一系列投资计划培养新兴企业、软件制造商、工程师、信息系统设计师，通过提出创新性解决方案，并用于实践，促进法国在大数据领域迅速发展；法国还利用大数据推动智慧城市建设，进一步降低城市管理成本和提升城市居民生活质量。韩国将建设一个开放大数据中心，利用大数据技术解决业务或者研究方面的问题；首尔市 2011 年的“智慧首尔 2015”计划则提出“利用大数据解决市民小烦恼”[①]。新加坡多个国际领先企业在当地设立了大数据技术研发中心，加速数据分析技术的商业应用，积极支持新加坡企业采用大数据技术，利用大数据不断提升政府服务水平。

专栏七　新加坡利用大数据分析技术提升城市管理水平

新加坡陆路交通管理局将与 SMRT、IBM、星和公司联合开展一项研究，分析地铁乘客的详细资料，以便在紧急情况下迅速采取应对措施。这个名为“融合分析学”的项目为期两年，新加坡路交局和 IBM 将利用研究结果制定公共交通紧急预案[②]。

上述四家机构在最近联合发表的文告中表示，进行这项分析的目的是利用分析结果模拟可能发生的情况、预测影响程度和可采取的对策，尽快向地铁乘客提供相关信息，更有效地疏导人群。美国科技公

① http：//www. cssn. cn/xwcbx/xwcbx_ gcsy/201411/t20141121_ 1410175. shtml.

② http：//sg. mofcom. gov. cn/article/zhengt/201406/20140600620570. shtml.

司 IBM 将使用路交局提供的车资卡数据，找出乘客人数最多和地铁站最繁忙的时段，从中了解人群的流向。星和电信公司将提供匿名电信数据，显示手机用户在地铁中的位置。SMRT 则提供某些地铁站的录像画面。有了上述资料，当地铁过于拥挤、发生故障或出现其他紧急事故时，地铁管理公司就能在最短的时间内做出合理的应对方案，预防性地疏导人群，有效地处理各种突发事件。

另外，新加坡经济发展局和内政部 2013 年联合开展一项安全城市试验研究项目①，邀请科技公司组成财团，利用最新的数据和影像分析，研发城市管理解决方案。这些研究如果成功，其成果有望在政府机构中推行。经发局和内政部下属的安全与保安工业计划办事处将在今年对这些方案展开可行性研究。

在过去的一年里，科技公司分成四组，以乌节路、芽笼和滨海湾等实地作为试验点，收集有关交通疏导、卫生整治、人流管控、罪案侦查等数据，并对这些数据进行分析，总结各种现象和趋势，以便给管理者提供参考。参加研究的科技公司 AGT 副总裁伊奇克接受采访时介绍，研究人员以芽笼为基础，开发出名为 City MIND 的平台，它能让警方、环境局、民防部队、路交局等许多政府部门共享信息，并对收集到的数据展开分析，过滤出没有用的信息，再把经过分析的数据传达给相关部门。以发生在公共场所的殴斗为例，一旦电子监控探头录下殴斗画面，系统就能从画面上探测出挥拳、踢踹等具有攻击性的动作中，判断出其是否有犯罪行为发生，然后迅速将信息传给警方，以便立即做出应答。伊奇克介绍，数据的来源并不只限于通过电子眼，来自社交媒体的信息也让系统做出即时判断。

总之，随着新加坡向“智慧国”的方向迈进，新政府会越来越多地采用高科技来提升城市管理的水平，综合治理城市的安全、卫

① http：//www. asean - china - center. org/2014 -06/11/c_ 133399612. htm.

生、交通等环节，从而构建相对完善的治理体系。

总体来说，目前大部分大数据主要应用于商业部门，政府大数据项目最多只是数据量较大的应用，政府部门希望通过这些应用来提升服务质量、提高社会管理能力，以及国家应对所面临的经济、社会、文化等领域的重大矛盾和挑战。问题在于政府部门的应用主要基于结构化的数据库，而非实时、动态和非结构化的数据，这也使得应用效果大打折扣。另外，政府部门虽然掌握了大量数据，但是现实执行时会遇到比私营部门更大的阻力和约束，如个人隐私保护、政府部门之间的数据共享等。而私营部门的应用更为灵活，模式不断创新，成效也较为显著。因此，政府大数据的研究和应用还处于初级阶段。

B.4

互联网创新社会服务

李 强*

摘 要：创新的信息技术应用已经全面覆盖各项社会服务，融入衣、食、住、行、娱、购、游等生活的方方面面。2014 年，在线教育继续发展，逐步呈现改变教育产业格局之势，智慧医疗也在不断引发医疗服务的变革，而可穿戴设备的应用普及则让生活领域呈现出不一样的风采。

关键词：在线教育 智慧医疗 可穿戴设备

一 在线教育改变教育产业格局，开放国家级教育资源

自 20 世纪 60 年代的终身教育和社会化学习两种思潮兴起以来，人们对传统学校教育不足的反省不断深入。如何让教育能够跨越地域和时间的限制，让人们平等地得到受教育的机会，在整个人生的跨度中把教育融入进去，成为人们越来越深刻思考的问题。这样的

* 李强，工信部电子科学技术情报研究所信息化研究与促进中心工程师，硕士，从事农业农村信息化和智慧城市领域研究。

思考促使人们对教育本身的形式和传播载体进行创新性的改变。在线教育作为这种思潮的重要成果，正在教育领域发挥着越来越重要的作用。

美国是信息化发展的先锋国家，在运用信息技术来推动教育改革的过程中，美国一直引领着世界的步伐。美国高水平的在线教育与其政府支持和人们教学思想的普遍转变是离不开的。近年来，为了推动教育改革，美国政府针对互联网技术在其中的应用详细修订了办学规定和政府方针政策，具有代表性的是 NETP2010 规划。在这个规划中，美国联邦教育部首先肯定了信息技术在教育改革、人们生活工作等方面中的重要地位，并明确指出，美国教育系统五大领域（学习、评价、教学、基础设施以及如何有效改革）必须做出重要的变革，尤其是在支持一流大学方面，应提供完善的在线教育设备支持。另外，要加强校企合作，实现技术、资源、经验的共享，以激励教育变革的进程。这一规划的具体内容支持着美国在线教育变革迅猛发展。

不仅美国大学如此，现在世界上越来越多的大学开始利用互联网做在线教育，尤其是将学校的学术资源免费开放给广大民众，这样的集体性行为被称为“开放教育资源运动”（OER）。21 世纪最初十年也因此被称为开放教育的“零时代”，其特征表现包括来源开放、资源开放、课程开放、链接开放、标准开放、系统开放等，这样的大规模普遍开放形式也与人们对学习的态度和认识相对应。人们想要跨越时间和地域上的局限让人人都能受教育。一个著名的例子即大型开放式网络课堂 MOOC（由 Coursera、Udacity、edX 三大课程提供商组成）的发展，MOOC 最为之骄傲的就是它包含很多顶尖大学的公开课，采用在线教育的方式为人们打开了通往世界顶尖高校知识殿堂的道路。以 Coursera 为例，Coursera 由美国斯坦福大学两名计算机科学教授安德鲁·恩格（Andrew Ng）和达芙妮·科勒（Daphne Koller）

创办。据《创投时报》报道，截至2013年7月，该在线教育平台已获得优秀成绩（见表1）。

表1　Coursera基本信息（截至2013年7月）

在线教育平台	三轮融资规模	课程报名学生数	学生来源组成	网站注册学生数	参与大学数	课程数
Coursera	6500万美元	150万人	全球190多个国家和地区	68万人	62所(包括普林斯顿、斯坦福等)	341门

2013年1月，爱丁堡大学开展了与Coursera的合作，爱丁堡大学通过Coursera向用户提供大规模开放网络课程，在课程结束之后针对其中的6门课程（“人工智能规划”、“天体生物学和寻找外星生命”、“批判性思维在全球的挑战”、“在线学习和数字文化”、“营养学”和“哲学概论”）进行了调查和评价，并于当年5月发布了《MOOCs @ Edinburgh 2013 – Report#1》评估报告。

表2　《MOOCs @ Edinburgh 2013 – Report#1》评估报告*

	爱丁堡大学	edx	杜克大学
课程组成团队	六门课程的团队人数都在三人以上，除课程主讲教师之外，各课程小组聘请博士助教队伍协助完成课程管理和论坛监控等工作。	主讲教师是麻省理工学院有多年授课经验的教师。并由两位麻省理工学院教授和edX首席科学家一同加入，负责创建作业、实验和教程，除此之外还有5名教学助理和3名实验室助理。	课程指导教师负责课程规划、开发、测验和评估设计等方面的工作，并有其他助教团队、教学支持人员、技术支持人员、评估人员等负责课程的准备和教学过程支持等。
注册人数	309000人	154763人	12725人
学习者年龄分布	20多岁至30多岁偏多。	20多岁至30多岁偏多。	20多岁至30多岁偏多。

续表

	爱丁堡大学	edx	杜克大学
学习者最高学历	硕士 40.2%，学士 30.1%，学士以下 29.7%。	硕士或专业学位 28%，学士 37%，高中 27%，其他 8%。	博士 8%，硕士或专业学位 27%，学士 37%，学院 18%，高中 9%，高中以下 2%。
学习者国籍分析	通过邮件进行问卷调查，数量最多的来自美国和英国，以下依次是印度、巴西、加拿大、西班牙和澳大利亚。	通过调查学生访问 6.002x 网站时的 IP 地址确定位置。学习者来自 194 个城市，学习者人数前五名的国家是美国、印度、英国、哥伦比亚和西班牙。	通过邮件进行问卷调查。学生来自 100 多个国家，三分之一居住在美国。
问卷调查回收情况	45182 人完成课前调查，回收率 20.8%，约占总体注册人数的 15%。15210 人完成了课后调查，约占总体注册者的 4.9%，占课程参与者的 9.2%。	7161 名学生完成了调查，回收率 4.6%。	课前对约 11000 名注册学生进行了问卷调查，共收到 3576 份回复，回收率 32.5%，课后调查仅获得 105 份回复。

* 王海荣：《国外 MOOC 评估报告对我国高校教学改革的启示》。

在线教育不仅被运用于高校中，很多国家政府也陆续推出在线教育机构，这一形式在教育领域也占据着越来越大的比例。例如法国的 Fun、德国的 Iversity、日本的 JMOOC。

2013 年，法国高等教育和研究部推出了在线教育平台 Fun，Fun 平台聚集了 MOOC 的大部分课程。在平台的八门课程上线四个月之后，网站的注册量达到了 25 万。

德国的 Iversity 网站的特色是不与学校合作开课，而是让教师直接投放课程。该网站采用英语授课，部分课程有英文字幕。能下载视频和课件。

2014 年上半年，Iversity 面向全世界征集第一批课程，全世界有

图 1　法国在线教育平台 FUN 首页

图 2　Fun 平台上的各类新闻和教学视频

250 个团队参赛。Iversity 通过网友投票和专家评审选出 10 门课程，为每门课程提供了 25000 欧元的制作经费。为了开拓国际市场，Iversity 还发起了用户邀请活动。用户只要成功邀请 50 个以上的好友来上课，就能获得价值 50 欧元的亚马逊购物卡，邀请人数最多的前十名还能获得 iPad mini。

Iversity 把测试放在视频旁边，方便用户带着问题学习。课程视频下面有课件、扩展阅读和讨论区。网站设有讨论区，用户可以发起提问、浏览答案或对他人的讨论记录进行评价（点赞或踩）。答案是

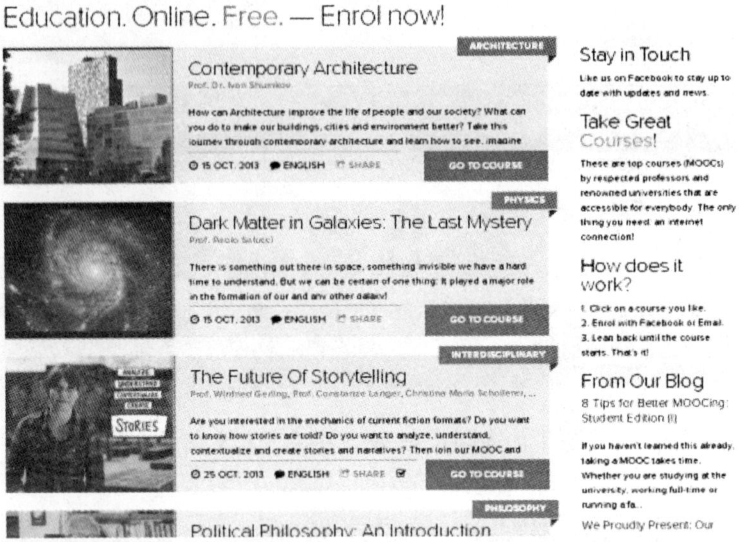

图 3 Iversity 的部分课程列表

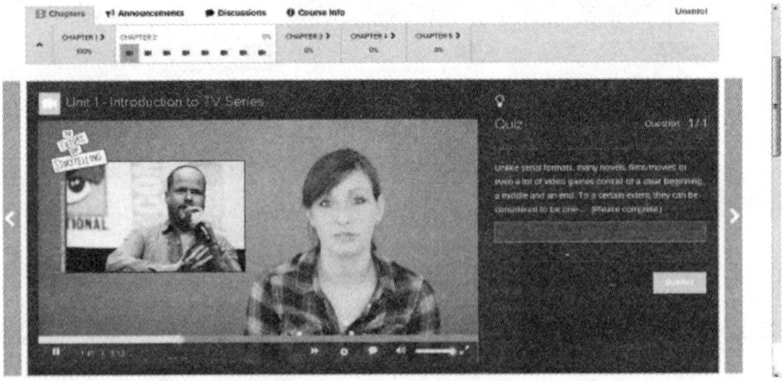

图 4 The Future of Storytelling 课程页面

按照点赞数进行排序的，所以先提交的答案可能被更多的人看到，其获得点赞的可能性相对更高，这增加了用户学习的动力。网站面向全球征集课程，因此它的老师来自全球各地的大学、设计院、研究所等机构。Iversity 的一些教师也会不定期开办线下聚会。

二　智慧医疗引发医疗服务变革，移动医疗让服务泛在化

近年来，信息化、智能化逐渐成为国内外医疗卫生事业发展的大趋势。智慧医疗在全球范围内的普及引发了医疗服务的变革。

智慧医疗的第一大亮点是移动医疗。根据国际医疗卫生会员组织HIMSS的定义，移动医疗（即mHealth），就是通过使用移动通信技术（如PDA、移动电话和卫星通信）来提供医疗服务和信息。最近几年，随着移动医疗大环境的改善，特别是穿戴式设备的兴起，移动医疗软硬件商家也迎来了爆发式发展，给市场和投资人带来了无尽的想象。

与传统的医疗相比，移动医疗在便携性、方便性、医疗资源分配效率和疾病预防性几大方面均有较大提高。

移动医疗让患者足不出户就能得到医生的诊断。Carena公司一直走在美国远程医疗服务的前沿，该公司可以为病患提供全天24小时的虚拟门诊，其主要形式有电话、网络视频等。病人只需要一台接入互联网的电脑和一个视频聊天软件，就能足不出户，在家接受几十种普通疾病的治疗。

表3　移动医疗的发展现状

移动医疗应用名称	优势
医疗服务与移动通信的结合	将节省之前大量用于挂号、排队等候乃至搭乘交通工具前往的时间和成本
"TD－LTE"技术	高清、移动、无线，可以帮助救护车上的医护人员通过移动高清视频获得清晰、快速的远程指导，不错过治疗的"黄金半小时"
移动医疗诊断设备	社区医生带上移动医疗诊断设备，可以随时请大医院、大医生进行远程会诊
社区医疗信息平台	社区医疗信息平台可以用短信、彩信、WAP、呼叫中心等方式向公众提供掌上医讯、预约挂号等服务

资料来源：http：//www. medsci. cn/article/show_ article. do？ id＝7ee4303e69f。

美国华盛顿虚拟紧急医疗中心就充分发挥了网络视频技术的作用。病人同医生的交流主要通过网络视频的形式进行。医生不仅可以详细了解病人的症状，还可以根据病人的配合进行必要的身体检查。根据该中心的粗略统计，75%的小病通过这种网络视频会诊都能得到有效的指导和医治。如果病人情况严重，医生会建议其到大的医院及时就诊。

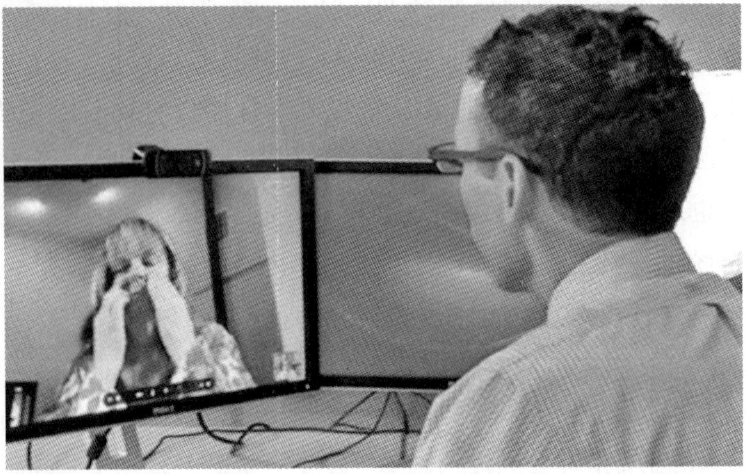

图5　美国华盛顿虚拟紧急医疗中心医生正在为病人看病

医疗与高新技术的结合为很多患者提供了新的机会与希望。3D生物打印让医疗服务突破技术瓶颈。3D生物打印是3D打印技术的一方面，其在智慧医疗方面的应用十分广泛，主要包括医疗模型、体外医疗器械、生物支架、三维生物器官打印四个方面。具体解释如图6。

最近纽约长老会医院就将3D打印运用于医疗服务中。除了能3D打印义肢帮助残疾人恢复正常生活以外，该医院还使用3D打印技术“打印”了一颗心脏以救活一名2周大的婴儿。

各国对3D打印技术的重视度迅速提升，3D打印在各个应用领

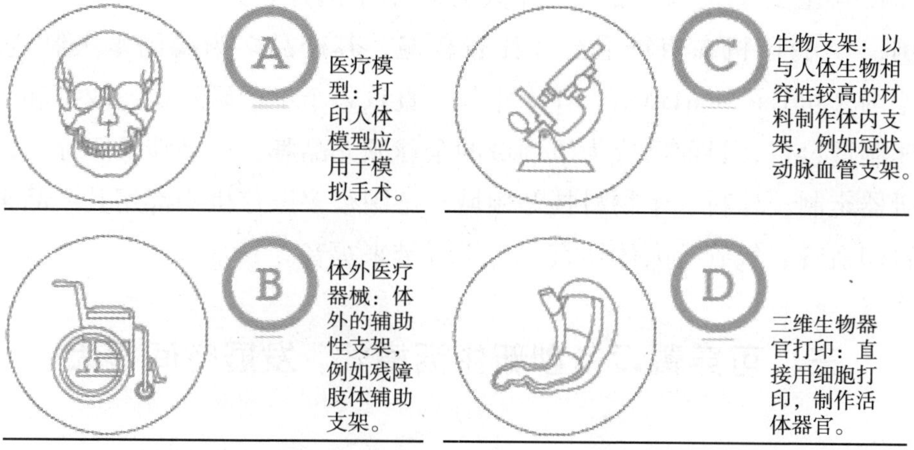

图 6　3D 生物打印的应用领域

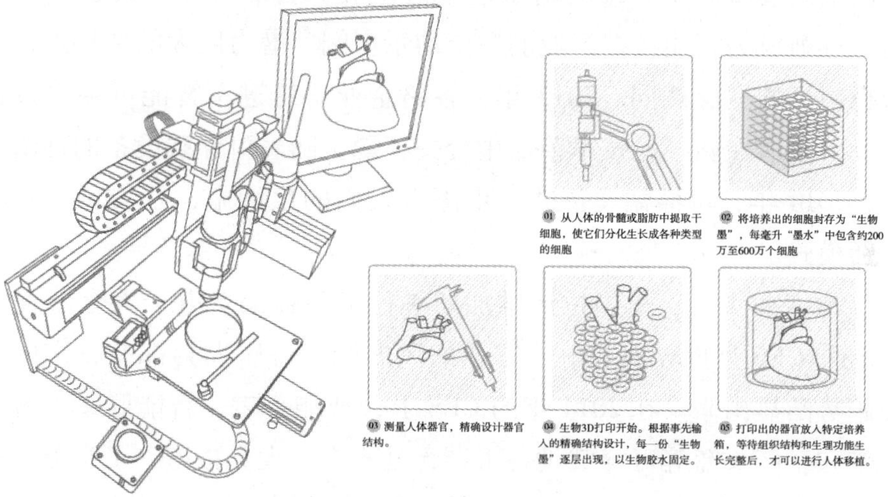

图 7　如何打印 3D 人体组织

域的普及率也飞速提高。2014 年 4 月，韩国政府就宣布投资 24 亿韩元（约合 230 万美元）设立 3D 打印中心，意在将韩国推向快速发展的 3D 打印行业的最前沿。该计划将为中小型企业提供场地和 3D 打印机（主要是进口产品），并大力应用于医疗、教育等领域。在德国，3D 打印机在市场上已经比较普遍，其产品多为德国本土制造。德国公司 EnvisionTEC 自 2002 年起一直致力于生产研发快速成型和快速制造设备，目前已成为该领域的全球领先品牌，产品涉及医疗、助听器定制、牙科、生物科技等领域。德国很多医疗机构都用其产品来打印血管、气管等人体器官，为患者带来福音。

三　可穿戴设备创新生活模式，发展空间很大

2012 年谷歌发布了人们期待和讨论已久的谷歌眼镜 Google Glass，2012 年也因此被称作“智能可穿戴设备元年”。近年来，智能手机的创新空间逐步收窄，市场增量也接近饱和，智能可穿戴设备异军突起，逐渐成为智能终端产业的一个前景广阔、潜力巨大的新热点，并获得市场的广泛认同。2013 年，各路企业纷纷进军智能可穿戴设备研发，争取在新一轮技术革命中分一杯羹。随着可穿戴设备的逐渐普及，2014 年，可穿戴设备进一步深入人们的生活中，开启了全新的生活模式。

2014 年 1 月，美国拉斯维加斯举行了国际消费电子大会（简称 CES）。CES 是世界消费电子产业的风向标，每届大会都有特定的科技趋势凸显出来。在 2014 年的 CES 上，智能手表、智能眼镜、智能腕带和智能头盔等可穿戴设备可谓无处不在。大会报道，可穿戴科技目前处于转型阶段，产品从初期的花哨、不实用逐渐被打磨得更加贴近日常生活，其发展前景被广泛看好，而更多的资本也将被投入其中。不论是科技巨头谷歌、苹果、三星，还是硬件厂商英特尔、索尼等，均纷纷加入可穿戴设备领域的竞争中来。

目前的可穿戴设备按照存在形态（身体支撑部位）主要可以分为五种。

表 4　目前可穿戴设备一览

特点	应用
以手腕为支撑	手表、戒指、腕带
以头颈为支撑	眼镜、头盔、头饰、领带、耳机
以脚部为支撑	鞋、袜、脚链或其他脚腕饰品
以腰部为支撑	皮带、腰带及减肥瘦身带
以其他部位为支撑	绷带、服装、书包

可穿戴设备大多可以连接手机或其他终端设备，未来可穿戴设备将会出现更多存在形式。

图 8　可穿戴设备

近年来，人口老龄化问题越来越引起人们的关注，根据联合国人口老龄化标准规定，全球现已步入老龄社会，而 40 年后全球的平均老龄化程度将与目前发达国家的老龄化程度基本持平。健康和医疗在人们的个人生活和社会发展中越来越受到普遍的重视。因此，这两个领域也成为公认的可穿戴设备最有发展空间、市场规模最大的地方。

健康领域的可穿戴设备的代表性产品是轻量化的手表、手环和配饰等，主要让用户在运动或户外时能够跟踪诸如心率、步频、卡路里消耗情况等用户数据并进行实时的检测、分析与建议服务。而医疗领域的可穿戴设备则主要以专业化方案提供血压、心率等医疗体征的检测和处理，形式多样，主要代表产品有医疗手表、手机附件等。常见的可穿戴健康和医疗业务应用，如图9所示。

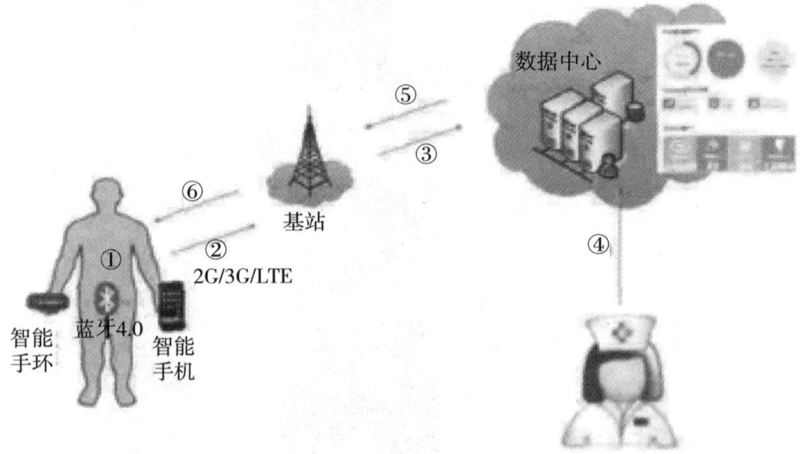

图9　常见的可穿戴健康和医疗业务应用

医疗健康类可穿戴设备常见的如智能手环，其普遍特征是都有内置传感器，通过传感器来采集人体各项指标数据并通过蓝牙方式把数据传递给智能手机内对应的APP应用，而APP应用除了通过本地数据进行分析外，也可通过数据通信网络（Wi－Fi或数据流量）把数据传递到对应的数据处理中心，数据处理中心则会根据接收到的数据进行一系列特定的业务逻辑处理，再高级一点的设置还会加入医务人员的参与，即若在分析过程中发现异常指标数据，可通知医务人员进行进一步的分析处理后反馈给用户。

追踪型的可穿戴设备通过定期采集人体各项指标数据并进行记录来及时掌控用户的健康状况，医务人员则通过远程查看的方式来实现对用户生命全过程的健康监控和对常见疾病的预防。

另外，可穿戴设备的应用不仅局限于健康领域，其节能环保用途同样受到人们广泛的欢迎。例如日本精工近日发明了一款电磁发电机式的可穿戴设备，可以通过用户的身体运动来为其石英表供电。类似原理的产品还有很多，除了人体运动发电外，一些可穿戴设备还能利用人体散发的热量、太阳能等作为能源。

可穿戴设备方便办公。西班牙萨瓦德尔银行最近就专门开发了一款谷歌眼镜应用，用户可以通过该设备进行基本的交易和联系客服中心。该应用还借助增强现实和 GPS 技术引导客户前往离他们最近的 ATM 或者银行网点。

在移动支付领域，可穿戴设备更是拥有巨大的发展潜力。通过搭载 NFC 技术，可穿戴设备将为人们的生活工作提供更广泛、更便捷的服务。它可以取代公交卡、工卡、车库钥匙、家门钥匙，并会在移动支付领域大放异彩。

除了具体应用以外，在核心技术领域，可穿戴计算领域产品形态的多样化导致对芯片的需求差异更大。各大公司纷纷研究新技术为可穿戴设备的基础添砖加瓦。

2014 年，Intel 在 CES 上展示了 Quark 系列处理器，主要面向各种嵌入式领域，其中包含可穿戴设备应用领域。在 Quark 处理器的基础上，Intel 正在着手开发只有 SD 卡大小、性能却能达到奔腾电脑级别的 PCEdison，Intel 的目标是实现基于硬件层面的智能再造、打破封闭的产业链体系，构建出一个新的科技生态系统。

芯片领域的竞争使可穿戴计算继续延续 PC 硬件时代的摩尔定

图 10　NFC 技术让智能手机实现触碰控制

图 11　Edison 结构示意

律，最终获利的将是整个产业，未来芯片领域将给我们带来更多惊喜。[①]

Forrester Research 最新的报告称，随着 Apple Watch 近期上市，

① 封顺天：《可穿戴设备发展现状及趋势》，《信息通信技术》2014 年第 3 期。

2015 年可穿戴电脑的使用者可能增加两倍。该公司预计，明年 Apple Watch 将吸引到 1000 万使用者。

对数以千计的美国和欧洲消费者的调研数据显示，美国人比欧洲人更倾向于佩戴可穿戴电脑，相应比例分别为 45% 和 32% 。

消费者更有意愿在手腕上佩戴一款手表或是健康监测器，其次是在衣服或耳朵上佩戴设备，或是佩戴智能眼镜。在这方面同样存在地区差异，美国人更愿意考虑各种非常规方式佩戴的设备，比如智能珠宝、智能隐形眼镜等。

尽管消费者对可穿戴设备热情高涨，更大的消费需求则来自企业，后者希望给员工提供各种可穿戴新设备。各品牌、零售商、体育场、保健企业和其他公司将开发新的业务模式，以期搭上可穿戴设备的快车。68% 的受访企业决策者表示，开发可穿戴设备是当下的一项紧要任务。

社会渗透篇

Social Influence

BLUE BOOK

B.5

智慧城市实现多领域融合创新

李　强*

摘　要：智慧城市仍然是当今世界信息化发展的热点。2014年，各国继续积极推进智慧城市建设，智慧新城已涌现出一批成功案例，而智慧城市的运营模式也逐渐走向了多元化和定制化。

关键词：智慧城市　智慧新城　运营模式

* 李强，工信部电子科学技术情报研究所信息化研究与促进中心工程师，硕士，从事农业农村信息化和智慧城市领域研究。

一　智慧新城已经从设计走向现实，涌现出一批成功案例

麦肯锡全球研究院分析认为，未来十年将涌现出100多座新城，中国需要建设数百座像韩国的松岛规模的新城以应对城镇化进程；印度需要建设300座新城来安置民工；非洲城市需建设新的枢纽以解决功能性问题。新城建设带来的全球经济利益将是“英国工业革命的300倍”。

对于大多数已存在的大城市而言，智慧城市建设需要将新技术和方法与现有的城市基础设施、社会和政府的现有框架相结合；对于新建城市，智慧城市建设则将完全根据全面规划设计的蓝图而建，安装比较完善的信息基础设施，以保证其提供的各种智慧服务正常运行，以期实现新城市技术部署所能达到的最大效率，这对于改善市民生活质量、增加商业活动和降低资源消耗十分有益。

在建的智慧城市中很多新城脱颖而出，例如葡萄牙的普兰爱提谷、韩国的松岛新城、美国的霍布斯市、阿联酋马斯达尔生态城等。他们已经从设计阶段走向实际建设应用阶段，并纷纷打造涵盖智慧城市相关的所有内容和环节的全方位系统，最大限度地发挥智慧城市效用。

霍布斯市是美国第一座未来智能城市，占地近40平方公里，由美国飞马控股公司（Pegasus）投资超过10亿美元于2012年破土兴建，它以南卡罗琳娜州的一座真实城市为模型，针对可用于改善市政服务和居民生活的新技术进行一系列测试。测试结果将有助于证明，智慧新技术可以大大节约建设智慧城市的人力物力，利用现有基础设施打造“智能城市”。

阿联酋马斯达尔生态城以“零碳”城市作为造镇目标，也进一

步将“零废弃物”、“零车辆（自用车辆）”列为发展的主要方向。阿联酋的构想是把这片6平方公里的沙漠变成洁净能源的“硅谷”。新城预计在2020年完工，总投资大约为220亿美元。阿布扎比政府提供20%的资金，即44亿美元，剩下的176亿美元属于私人股本。

打造全方位系统成核心。只有很完整的系统才能最大化实现智慧城市的价值，而这也是智慧新城建设的初衷。对于多数城市来说，这样一个系统因覆盖面过大、过于复杂以及价格过高而无法承受，因此目前在建的智慧新城通常规模较小，力图涵盖智慧城市相关的所有内容和环节，打造智慧城市全系统。可以说，智慧新城模式也体现了人们建设理想化智慧城市的决心。

葡萄牙普兰爱提谷创造性地提出了“城市操作系统”的概念，即利用一套传感系统收集来自城市的庞大数据，对这座城市中发生的一切做出有条不紊的反应。该新城由葡萄牙科技公司Living Plan IT建设运营，思科系统公司、麦克拉伦电子系统公司和埃森哲公司都是这项工程的合作伙伴。

葡萄牙普兰爱提谷设计智慧新城的灵感源自人的组织系统，整个城市就好像一个人一样，人拥有“大脑”、“神经”、“眼睛”、“肺”、“胃”和“肾脏”等器官，而智慧新城也相应地有这些部分。比如，“大脑”就是整个城市的中央处理器，中央处理器使用传感器网络来收集数据，而这个网络就好像人的神经系统，它控制整个城市的能源生产、水处理和废物处理，就好像城市也能像人一样进行新陈代谢。

与此同时，城市建筑物普遍呈六边形，因为这是最有效节省空间的科学结构，另外，数据中心产生的热空气可以用来给建筑物加热。每栋建筑内都布设大量传感器，随时监控室内的温度、湿度、能源使用情况等各项指标，所有信息都将实时传送给中央处理器（就是上文提到的“大脑”）进行最优化处理，传输设备上还可以承载包括光伏设备和风力涡轮的发电量、水资源的使用情况、排放废水量等其他重要信息。智慧新城中央处理器就是利用这些信息来掌控城市的方方面面，单就传感器传来的信息来说，中央处理器的信息收集量约为每天5PB。具体应用例如，如果传感器显示某栋建筑中储水罐中水位很低，系统将会自动从其他水过量的建筑中调配水资源，供该建筑使用。另外，“大脑”也可以预测天气，如果天气预报系统显示出现阴天，该城市光伏设备产生的能源会减少，系统就自动使用以前存储起来的能源，如用冰来给建筑的空调系统制冷，而这些冰是新城在之前晴朗日子产生的过量电力所形成的。

韩国松岛新城是提及较多的智慧新城样板，松岛新城占地面积约6平方公里，是一个融商贸园区、媒体园区、文化园区于一体填海而成的世界性信息化新城。新城从2000年开始兴建，是史上最大宗的私人投资不动产项目，投资额达到400亿美元。该项目由美国私人地产商“盖尔国际”与韩国钢铁巨头浦项公司共同合作，分别占股70%和30%。韩国政府主要对基础设施进行投资，其中主要包括新的仁川国际机场、连接首尔的高速铁路系统以及松岛新城和机场之间的12.3公里桥梁。松岛新城开发主要由私人募集资金，政府给予金融担保，仁川市政府以较低的价格将规划地区的土地转让给新松岛建设公司，由其全面负责投资开发建设。新城在建设中，吸引了IBM、思科等跨国公司研发机构的入驻，其中美国思科系统公司为新城提供网络技术支持。

表1　韩国松岛新城开发的三个阶段

阶段	时间	内容
第一阶段	1999～2003年	打造城市信息化基础设施
第二阶段	1999～2007年	营造国际交易基地，建成国际经济、国际金融业务基地，发挥其国际展示与交流功能
第三阶段	2006～2014年	完成教育、研究及文化园地建设

资料来源：http：//www.tj.gov.cn/zjtj/yhcs/yhcs/200708/t20070830_2860.htm。

韩国在规划建设松岛新城中，坚持用先进甚至适当超前的信息化观念开展信息基础设施建设。在家居、商务办公、校园、医院等场所，信息技术“无时无刻无所不在”，在这里工作生活的人们可以非常方便地享受到信息技术带来的全新体验和感受。新城的“智慧城市”建设重点聚焦于智慧工作空间、智慧交通、智能能源、智慧楼宇、智能社会等八个城市管理服务领域，通过信息技术开展智能型医疗、安全、建筑、绿色科技等应用。在这里，从无线网络覆盖到自动回收生物系统再到通用智能卡，一应俱全；信息技术植入所有的房屋、街道和写字楼内，可实时收集传感器上的数据信息；所有社区、医院、公司和政府机构的信息系统全部实现数据共享，居民只需要一张智能卡就能完成付款、查询医疗记录和开门等一系列琐事。智能卡可以充当住家钥匙，还可搭乘汽车、付停车费、看电影和看病等，实现“随意数字生活”。智能卡采用匿名方式，一旦遗失，可以迅速挂失，重新设定相关信息。

马来西亚伊斯干达特区的智慧城市建设围绕经济、环境和社会发

图1　伊斯干达智慧城市框架

展三大支柱开展，在经济、管理、环境、流动性、人文发展及居住环境等六大重点领域注入移动互联网、云计算、传感器等新一代信息技术，有力地促进了“智慧化”应用的发展。自2006年该计划推出以来，伊斯干达地区发展迅速，若干关键项目已完成，更多其他项目也几近收尾。该区在包括教育、医疗、娱乐和旅游、房产、创意行业和零售行业等多领域都有很大发展。除此之外，关键项目如基础设施建设、安全和治安、公共住房和社会发展倡议方面都有较大进步。

表2　伊斯干达特区智慧城市建设的主要内容

序号	领域	主要内容
1	经济	智慧经济。特区在创新能力、企业家精神、知识产权、生产力、劳动力市场灵活性及国际市场一体化等方面都具有竞争力。例如松林工作室、努沙再也生物技术园等新的经济刺激项目，都是创新式经济增长的例子。
2	经济	智慧管理。涉及公共参与、政府信息获取无障碍、自由使用电子支付和电子服务等方面的具体内容。
3	环境	智慧环境。拥有吸引人且可获取的自然环境，以及为保护环境做出的绿色努力。
4	环境	智慧流动。利用可获取的信息技术，建立现代化可持续的交通系统，包括步行、骑自行车及使用其他公共交通。此外，道路的便利要依靠有战略连接性的道路建设。
5	社会	智慧人口。不仅指社区中人口的层次或受教育程度，更倾向于指社会各界联系的程度及向外界开放的程度。
6	社会	智慧居住。包含文化、健康、安全、住房和旅游等生活质量的多个方面。关注的重点包括住房质量、多样化入学环境下的教育质量等领域。

二　结合城市自身发展的需求制定，运营模式呈现多元化、定制化

只有建立合适的建设运营模式，才能保证智慧城市安全、高效、

可持续运营。随着国际智慧城市建设的不断深入，建设运营模式也呈现出多元化、定制化的趋势，在已有多种模式并存的基础上，各个城市还不断探索新的模式，为智慧城市建设注入了新鲜血液。

传统模式作用凸显。按照政府与企业在投资、建设的角色不同，目前智慧城市建设呈现政府统筹规划、企业投资建设，政府投资运营、企业参与建设，政府与企业合资建设与运营，企业建设运营、政府和公众购买服务等多种模式并存的态势。这种建设运营模式的多样性和创新性又体现在智慧城市建设的各个领域，如宽带基础设施、智慧新城、智能电网、建筑等。几种模式各有优缺点，选择哪种模式除了考虑模式本身的特点之外，还要结合城市自身发展的需求。

表3　几种典型的智慧城市建设运营模式

（工业和信息化部电子科学技术情报研究所）

模式	特点	代表城市
政府投资运营、企业参与建设	政府主导型的运营模式，由政府出资建设、运营管理，企业或者完全置身事外，或者与政府签订协议，通过政府特许的形式获得投资、建设和经营的机会，特许期限结束后由政府收回。	美国都柏林市 美国布里斯托市
政府与企业合资建设与运营	政府和企业分别出资共同建设，以实现市场化的运营模式。	美国奥尔巴尼市 美国拉格朗日市 加拿大斯特拉特福市
政府统筹规划、企业投资建设	政府起到统筹规划作用，项目完全利用社会资本建设运营。	美国霍布斯市 美国博尔德市
企业建设运营、政府和公众购买服务	企业独自投资建设、维护运营，政府、公众向其购买相关服务，从而有效节约政府资源。	美国威彻斯特县

目前在建或已经建成的智慧新城，大多数都吸引了企业、研究机构等社会力量积极参与其中。究其主要原因：一方面是从以往经验来

看，政府主导的研究课题和项目往往商业化成果惨淡，很难形成有效的商业模式，创新能力不足、持续性差；另一方面由于智慧新城是一个覆盖面广、庞大复杂的系统工程，仅凭政府的一己之力很难取得实效，需要企业等其他机构参与其中，既带来鲜活的理念，也带来大量资金的支持。

表4　部分新城建设中参与的社会力量
（工业和信息化部电子科学技术情报研究所）

新城名称	参与的社会力量
美国霍布斯	飞马控股公司（Pegasus）
葡萄牙普兰爱提谷	Living Plan IT、思科系统公司、麦克拉伦电子系统公司和埃森哲公司
阿联酋马斯达尔生态城	世界野生动物基金会（WWF；One Planet Living）、美国麻省理工学院（MIT）、英国 Foster + Partners 建筑设计与城市规划公司等
韩国松岛新城（跟踪近况）	美国盖尔国际公司、韩国钢铁巨头浦项公司、IBM、思科等

政府投资运营、企业参与建设的模式有利于发挥政府强有力的主导作用，并基于政府强大的资金基础和统筹各方有力资源的优势，有利于项目迅速实施并取得实效。美国都柏林和布里斯托市正是采取了这一模式。都柏林市由政府部门主导，利用该市的税收收入以及部分融资，发展建设了名为都柏联（Dublink）的超级网络，用于连接政府部门及学校、医院等公用事业单位，网络建成后都柏林还向私营运营商出租网络空间和通信线路。

政府与企业合资建设与运营的模式有利于发挥政府与市场的作用，优势互补，更容易取得实效。美国奥尔巴尼市、拉格朗日市、加拿大斯特拉特福市纷纷采取了政府与企业合资建设与运营的模式。奥尔巴尼政府与慧谷科技公司建立了政企合作关系，共同提供无线网络服务，奥尔巴尼市民有两种无线网络服务可供选择：收费的 Wink 高速互联网无线宽带服务和免费的 FreeNet 无线网络服务。慧谷科技公司通过收费 Wink 高速无线宽带服务的营业收入来补贴免费的 FreeNet 服务，为该市的低收入社区提供免费网络，旨在缩小数字鸿沟，同时政府也不定期向免费的 FreeNet 服务提供资金支持。拉格朗日市政府通过 WorldGate 公司的配合，为该市所有居民和商户提供了免费的网络接入，政府也提供相应的资金保障。加拿大斯特拉特福市政府与 Festival Hydro 电力公司合作成立了由市政府控股的新公司——Rhyzome 网络公司，建设运营全市的智能电网。为发展智能电网，Festival Hydro 电力公司与 Rhyzome 网络公司合作，共同建立了以光纤为主、无线 MESH 网为辅的电网通信系统，不仅满足了智能电网通信和控制的需要，还带动了斯特拉特福市无线城市网络的建设。

也许正是由于考虑到政府在研究与创新方面普遍存在着理念落后、行动迟缓的弊端，因此，对于一些开创性的项目，企业往往发挥着至关重要的作用。美国霍布斯智慧新城、第一座智能电网城市博尔德正是采取了政府统筹规划、企业投资建设的模式。美国霍布斯新城完全由私营企业投资兴建，它是未来智能城市的试验基地，意在打造世界上最大的创新技术和测试中心。博尔德市是由埃克希尔（Xcel）能源公司投资 1 亿美元打造的美国首个智能电网城市。博尔德市同时也成为美国智能电网建设的技术试验平台。埃克希尔公司将博尔德市作为智能电网建设的试点，一方面是因为该市地理优势独特、城市规模合适，另一方面则是因为该市一直处在新思想、新技术的发展前列，且国家标准与技术研究院也在该市，这个研究院对于联邦政府智能电网发展建设来说至关重要。为有效降低政府服务成本，为公众提供高质量的服务，美国威彻斯特县采取了企业建设运营、政府和公众购买服务的模式。威彻斯特的 LightPath 电信网络是一个完全由当地有线电视公司独立搭建的尖端光纤网络。该光纤网络长一千多英里，将整个区域内的基础设施与语音、视频、数据和高速网络服务连接起来。光纤网络为当地企业提供了更快的网络接入速度和更廉价的宽带服务资费，中小企业通过光纤网络搭建的电子商务平台在日益全球化的市场上销售产品和服务，艺术家们通过高速光纤网络可以与欧洲乃至世界各地的买家进行视频会议，在他们的工作室里就可以实时展示作品。

新的模式不断涌现。除了前面提到的几种模式外，还出现了很多其他智慧城市建设运营模式的探索，虽然有些还在探索之中尚未形成规模或推广起来，但是很多都值得我国智慧城市建设学习借鉴。

以欧盟为例，欧盟不仅资助各成员国积极建设智慧城市，还探索出一个创新模式，即在技术上构建“智慧城市操作系统”模式，这主要通过一整套基于云计算的大型软件系统来实现，其与智慧城市项目的关系，宛如微软视窗操作系统与PC的关系，完成的案例有2013年“EPIC欧盟智慧城市建设平台系统”、巴塞罗那市基于城市操作系统的智慧城市业务架构、代表智慧建设国际合作的“城市协议”①。

韩国松岛新城的运营管理模式也比较灵活。早在规划建设初期，松岛新城就对后期信息设备设施的运维管理及信息经营模式进行了商业模式的预测探索。松岛新城采用“运营公司+服务公司”的模式，由仁川市政府组建运营公司，该公司拥有所有的基础架构、信息资源和信息设备设施，并且作为唯一接口面向所有区域内的用户，统一负责区域内信息设施的运行管理和经营。同时组成一个（或若干）分离的服务公司，主要负责为运营公司提供更为专业的外包和信息增值服务。运营公司从服务公司购买部分专业服务，或者与服务公司采取收入分成的模式给予回报。信息增值服务带来的商业收益越多，运营公司、服务公司的盈利也就越多。服务公司的角色可以由一些专业公司或者国外投资者来承担，通过吸引更多的外资，提供更强的力量，

---

① 孙谦：《智慧城市建设方法的国际视野与探索（上）》，《信息化建设》2014年第10期。

挖掘更多的商业需求，来增加商业机会。通过这种模式实现用户和区域运行管理方的双赢。智慧城市建设的一个普遍理想化目标就是在保证基本服务的基础上尽可能减少投入甚至获取商业收益，而松岛形成了力争实现这一目标的商业模式基本理念。在建设项目初期，可通过提供楼内设施管理服务来产生收入，确保公共服务的提供和商业可持续性。当建设项目后期各项条件成熟时，就可以开始提供增值服务，大幅增加收入。开始阶段，松岛的企业和居民能享受到以下三大类服务。

表 5　韩国松岛新城建设初期可提供的服务

服务类别	主要内容
楼内服务	自动化、能源管理、设备维护等智能楼宇管理，门禁、监控、入侵检测等安全与安保服务，以及智能停车库、收费、车位引导等停车类服务
商业服务	信息发布与展示、广告等可视化通信，社区互联以及 IT 服务外包、数据中心、云计算与云存储等数据中心服务
全域服务	全城 Wi – Fi、公共信息发布与服务

B.6
信息技术助力绿色可持续转型发展

黄小燕*

摘　要：绿色可持续发展意味着节能减排、开发绿色能源。随着信息技术的快速发展，IT 设备也成为耗能、污染之源，IT 行业特别是数据中心的节能减排不容忽视。本文介绍了服务器节能、机房散热系统等改善数据中心的节能技术，以及节能数据中心的认定指标。可再生能源和分布式能源的发展正在经历重大转型，全球加大智能电网投资建设步伐，本文介绍了世界各国在智能电网领域的投资情况。

关键词：数据中心　智能电网　节能减排

随着经济发展和城镇化过程的加快，资源环境问题日益突出，未来信息化发展将积极推进绿色低碳建设，促进人与自然和谐相处。

一　建设绿色数据中心，促进 IT 行业自身节能减排

1. 数据中心的节能减排不容忽视

随着信息技术的快速发展，IT 设备也成为耗能、污染之源。在

* 黄小燕，工业和信息化部电子科学技术情报研究所信息化研究与促进中心高级工程师，主要研究方向为智能制造、两化融合、工业 4.0、信息化战略等。

全球能源资源日益短缺、气候环境日趋恶化的今天，IT 行业的节能减排不容忽视。据全球权威机构 Gartner 统计，IT 行业每年 CO_2 的排放量约为 3500 万吨，属于碳排放大户。绿色和平的研究报告数据显示，2020 年全球主要 IT 运营商云计算的能耗将近 2 万亿千瓦时，超过了德国、法国、加拿大、巴西的能耗总和。微软、苹果和亚马逊三大科技巨头甚至被指责“以煤炭来支持数据中心的运作，以破坏气候为代价发展自己的云端技术”。拥有大量服务器的数据中心成为 IT 行业实现节能减排的重点。

美国自然资源保护委员会（NRDC）数据中心研究报告宣称，美国的数据中心浪费了价值 30 亿美元的电力，放置美国 95% 服务器的近 300 万个数据中心能效优化进展缓慢，目前约有 1/3 运行的服务器不再被需要，更多的服务器“都利用率过低”——仅以 18% 的容量运行。报告称，2013 年，美国数据中心的电力能耗达到 910 亿千瓦时。据美国自然资源保护委员会（NRDC）预测，到 2020 年数据中心的年度电力能耗将达到 1400 亿千瓦时。届时，美国数据中心产业将需要 50 个大型的煤电发电站，而这些发电站将排放近 1.5 亿吨的碳污染物。

各大数据中心的服务器 24 小时不间断高速运转，消耗了大量的电力和能源。美国媒体的调查结果显示，全球各大网站中，光是数据中心的用电功率，就相当于 30 个核电站的供电功率，但其中 90% 的耗电量都被浪费。根据统计，数据中心的耗电量约占全球耗电量的 2% 左右。国际数据公司（IDC）预测，到 2020 年全球所有 IT 部门拥有服务器的总量将比现在多出 10 倍（包括虚拟机和物理机），所管理的数据将比现在增长 50 倍。随着 IT 技术的快速发展，数据中心的服务器数量也随之暴增，数据中心的能耗问题将成为最大挑战。

2. 数据中心的节能技术不断涌现

大型数据中心耗电量大主要体现在两个方面：一是服务器、存储设备等全天候运行，带来了巨大的耗电量；二是数据中心加大机房的散热系统规模和功率，空调设备和风机也全天候运转，造成数据中心耗电量过大。目前各 IT 厂商都开始在数据中心节能方面做出努力。

在服务器节能方面，大数据时代的数据中心需要一种能够以较低功耗有效处理大量并行化、轻量化负载的方法，而 ARM 处理器所具备的多核心、高并行、低功耗的特性正好满足了数据中心的这种新需求。2012 年 10 月，AMD 宣布取得 ARM 授权；2013 年，AMD 公布代号为“西雅图”的处理器；2014 年 5 月，AMD 宣布将于后年推出采用 ARM v8 架构授权的服务器处理器——K12，这也是 AMD 首个采用 64 位 ARM v8 架构的服务器处理器产品。基于云计算的快速发展，未来服务器市场将出现急剧变化，整个市场的驱动由企业转为数据中心，ARM 服务器将逐渐代替现有的 x86 服务器。

在技术改进方面，IBM 推出智能背板装置、水冷背板装置、主动送风地板装置、自然冷却系统、主动送风地板系统等众多绿色节能新技术，使数据中心能耗大为改观，获得了最佳的节能效果与绿色效益。惠普采用动态智能散热系统，安装在机架上的热传感器可以实时地向相应的管理软件发送计算设备产生的热量数据，使得散热系统可以根据需求智能控制机房的空调设备，实现按需供应冷却气流，降低能耗。

在设施综合治理方面，DCIM 是可持续发展的一项重要措施。CA 宣布 Facebook 将利用 CA 数据中心基础架构管理解决方案（CADCIM），整合数百万个来自其全球数据中心实物及 IT 资源中与能源相关的数据点，以提高电能效率。CADCIM 提供了一个基于网络的集中式解决方案，透过这一方案监控数据中心的设施及 IT 系统中的供电、制冷及环境相关情况，并对构成数据中心基础架构的空间使用及资产生命周期进行管理。

目前，欧美国家兴建的数据中心大多采用了绿色设计，采用的节能散热技术各式各样。2014 年 11 月，谷歌宣布签署了一份为期 10 年的合同，收购荷兰风力发电场 18 个涡轮机产生的所有电力，总电量高达 62 兆瓦，为谷歌在荷兰建设的一个大型数据中心提供电力。2014 年 7 月，微软宣布与 Pilot Hill 风力发电场签订新的 20 年协议，购买 175 兆瓦输出风力发电场提供的绿色能源，为微软位于芝加哥的数据中心提供用电。这是继 2013 年 11 月微软为德州数据中心与风力发电公司签订长达 20 年的合约后一年内微软第二次为绿色能源投资，签订长时间合作协议，标志着微软进一步推进发展绿色可替代能源，建设可持续发展、节能环保又具灵活性的云计算中心的决心。

随着节能数据中心的推进，提供高节能性能 IT 服务的云计算也开始普及。日本经济产业省出于集中全球的服务器将有利于社会 CO_2 减排的观点，2014 年开始执行 3 年的“中小企业等云利用带来创新节能化的实证支援活动”，这也被称为“数据中心版的经济积分制度”。2014 年，日本政府提供 35 亿日元资金，支持企业将现有的自有信息系统移交至对节能与事业发展有利的高效云数据中心，补助了所需费用的 1/3 或 1/5。除了企业，自治体或医院等将自有信息系统移交至云数据中心时，如果提前报告之前的消耗电量，也可以得到费用的补助。

3. 节能数据中心的认定逐步开展

随着节能数据中心的建设逐渐普及，对节能数据中心的认定工作也开展起来。数据中心节能减排主要包括以下四个方面：节能性能高的 IT 机器、IT 机器使用的高效模式、空调和电源等节能的附属设备、CO_2 排放量少的设备。美国 EPA 于 2010 年开始用 PUE（Power Usage Effectiveness）衡量数据中心节能效率，为评定结果位于前 25% 的数据中心赋予“能源明星”称号。为了奖励节能性能高的数据中心，欧洲于2008年制定了认定制度，通过定量地衡量附属设备节能效能的PUE指标与其他同类指标，对数据中心加以评定。除此之外，还有美国BCS的CEEDA、澳大利亚的NABERS、新加坡的SS564、韩国的GDCCP等数据中心节能认定制度。欧美的认定制度大多以数据中心的附属设备为评价对象，而韩国和日本提倡的制度还包括IT机器等。

二　加大智能电网投资建设步伐，参与主体日益多元化

1. 全球智能电网发展趋势迅猛

国外研究机构Navigant Research发布研究报告称，2014年，全球智能电网技术收益将达到441亿美元，随着世界各国加大智能电网投资建设步伐，预计到2023年，这个数据将增至702亿美元。Navigant Research高级研究员Richelle Elberg表示，“海上风电场或远程风电场、太阳能发电站与大陆电网的互联是驱动输变电系统升级智能电网的主要原因。未来10年，亚太地区以及其他发展中地区的电气化改造也是推动智能电网发展的主要因素之一。此外，发达地区，如欧洲和北美，将进一步推动智能电表普及，改善区域电网稳定性和安全性。”

2. 欧盟各国对智能电网的投资加大

根据欧盟联合研究中心发布的报告《智能电网项目展望2014》，从2002年到2014年一季度，欧盟28个成员国以及瑞士和挪威共参与实施了459个智能电网项目，总投资额达到31.5亿欧元。其中智能电网研发项目共210个，投资额约8.3亿欧元；示范项目249个，投资额23.2亿欧元。平均每个项目投资额为750万欧元，平均实施周期为33个月。目前仍有221个项目还在进行中，投资额超过20亿

欧元。从国家来看，德国实施的项目数量最多，达135个；法国和英国在投资额上领先，均为5亿欧元，平均每个项目的投资额为500万欧元。法国、英国、德国和西班牙四国的智能电网投资总额占全球总额的50%以上。

在智能电网项目投资的各目标应用领域中，智能网络管理占到最大份额，约26%（8.5亿欧元）。在研发项目中，集成分布式能源等领域也吸引了多数投资；而在示范部署项目中，由于智能消费者与智能家庭领域已较为成熟，更多的资金投向了示范阶段。此外，智能电网的储能越来越受到关注，2012～2013年启动的主要项目内容之一就是利用储能作为增强电网灵活性的额外资源。

项目私人投资占到49%，其次是欧盟委员会（22%）、成员国投资（18%）、监管资金（9%）等，共有1670个机构参与其中，有22%的机构参与了一个以上的项目。参与主体也呈现多元化，包括大学、输电系统运营商、配电系统运营商、信息通讯技术公司等，其中大学和配电系统运营商管理的经费超过了投资总额的一半。共有172个跨国项目，占到项目总数的37%；投资额累计为13.5亿欧元，占到投资总额的43%。到2020年，欧洲有望部署约2亿块智能电表，惠及72%的欧盟消费者，总投资额预计将达到350亿欧元。

3.美国智能电网的投资与研发取得重大进展

美国能源部公布了《2014智能电网系统报告》，认为因数字化技术的应用以及政策激励，美国电网可再生能源和分布式能源的发展正在经历重大转型。电网更强调对极端气候的应对能力，而消费者和各行业在电力管理和生产两方面的参与度不断提高。

2010年至今，美国公共和私营部门对智能电网的投资已达90亿美元，先进通信与控制技术在其中得到广泛应用，主要体现在以下方面：先进测量基础设施相关技术（包括智能电表、通信网络和信息管理系统）增强了公用事业机构的运行效率，为消费者有效管理电力提供了便利。预计到2015年智能电表安装量将达6500万个，占全美电力消费者的1/3。用于住宅的可编程通信控制器或工商业消费者采用的建筑能源管理系统，可以与智能电表协同工作，为消费者提供有用的能源利用数据，并有助于公用事业机构调峰。分布式能源系统中传感、通信与控制技术的运用，提高了可靠性和效率，实现自动定位并隔离故障点，减少断电事故，通过动态优化电压和无功功率实现高效电力利用，监测电力资产状况引导维护。先进传感器和高速通信网络在输电网的应用，加强了高压变电站及全网监测和控制运行的能力。

2014年7月，美国纽约州长库默宣布，将330万美元资金授予7个研究团队来发展智能电网技术，从而增加纽约州电网的弹性和效率。7个智能电网项目：一是布鲁克黑文国家实验室（长岛），在实时响应中利用雷达来恢复电力设施系统；二是克拉克森大学（波茨坦），设计一个具有弹性的地下微电网；三是ClearGrid创新公司（纽约市），利用电脑视觉来分析配电问题图像；四是联合爱迪生公司（纽约市），示范非同步微电网解决方案；五是康奈尔大学（伊萨卡），先进的微电网整合分布式能源资源；六是洛克希德马丁系统培训中心（奥韦戈），综合的空中天气损害估计系统；七是罗彻斯特理工学院，微电网协作用于改善经济和环境成本，以及电网弹性。

B.7
互联网信息时代媒体传播方式的转型

张明皓*

摘　要：网络作为继报纸、广播、电视之后的新型媒体，在信息传播方面具有先天的独特优势，2014 年全球数字媒体发展迅猛。随着互联网技术在各行业的广泛渗透和深度应用，报纸、电视等传统媒体的内容生产传播方式逐渐转型，新的业务模式、商业模式涌现，包括“众包”模式大众新闻调查，社交网站、新闻视频等新的传播方式，以及网络视频等新的传播渠道。

关键词：数字媒体　众包　网络视频　渠道

互联网与信息技术的发展为当今媒体的传播提供了新的方式，这些新型传播方式既继承了传统传播方式的特点，又结合了互联网本身的特点。特别是全球的数字媒体包括众包模式、网络视频等的发展更是开启了传播方式的新篇章。

一　全球数字媒体异军突起，呈现爆发式增长态势

据市场研究机构 Strategy Analytics 发布的 2014 年上半年在线媒体

* 张明皓，工业和信息化部电子科学技术情报研究所助理工程师，研究方向为信息化战略等。

收入报告显示，2014 年上半年，全球数字媒体收入总计为 859 亿美元，同比增长 17%。

在报告研究的 44 家数字媒体上市公司中，搜索巨头谷歌公司上半年的数字媒体收入达到 314 亿美元，超过全球数字媒体收入总和的 1/3，比上年同期增长了 12%。电子商务巨头亚马逊以 103 亿美元的收入排名第二，比上年同期增长了 9%。多家数字媒体在线收入突飞猛进。Facebook 上半年在线收入为 54 亿美元，同比增长 66%；Twitter 在线收入为 5.62 亿美元，同比增长 122%。中国在线业务规模虽小但增长迅速，在 10 家增长最快的公司中，中国企业就占据了四席。雅虎的在线销售收入为 22 亿美元，仍然位居总收入前十之列。腾讯入账 54 亿美元，同比增长 43%；百度在线销售收入为 34 亿美元，同比增长 56%；新浪同比增长 36%；奇虎 360 在线收入为 5.82 亿美元，同比增长 123%，是所有公司中增长最快的。

Strategy Analytics 数字媒体主管迈克尔·古德曼（Michael Goodman）表示："火热的中国互联网市场正在挑战美国企业的霸主地位。中国网民数量大概是美国网民数量的 2.5 倍，这也是中国互联网公司仅在国内的增长就如此迅速的原因。中国互联网公司面临的一大问题是，他们能否将这种成功延续到中国以外的市场，这也关系他们能否对美国互联网公司在全球的主导地位构成严重的威胁。"

报告称，在线媒体销售收入方面，虽然数字内容服务出现了爆发式增长，但广告仍然是最大的收入来源。在所有数字媒体收入中，在线广告占到了 77%，紧随其后的分别是在线游戏和视频，比重分别为 15% 和 5%，音乐和内容分发占了剩余 3% 的销售收入。其中，百度和微软在线服务（Online Services）的收入全部来自于广告，而 Facebook 的收入 91% 由广告贡献。与此同时，广告在谷歌在线收入中的比重也达到 90%，而雅虎则为 80%。游戏是销售收入增长最快（26%）的在线媒体类型，但广告和视频销售收入的增长均达到了

24%，与前者的差距并不大。内容分发网络销售收入增长了21%，而音乐销售收入增长幅度不大，只有9%。

亚马逊之类的公司积极涉足各类服务——从内容、广告、内容分发、云存储到自有品牌商品，皆向电子商务核心业务提供有益补充，这正是互联网公司业务多样化的体现。不过，业务多样化并不仅属于西方互联网公司，迈克尔·古德曼表示：除去百度的收入完全来自于广告，中国的互联网公司尤其擅长从各种各样的服务中创收。例如收入增长最快的奇虎360，它在广告和互联网增值服务两方面的表现都非常棒，这主要得益于该公司在搜索和移动领域的扩张。

Strategy Analytics 并未给出苹果 iTunes 的增长数据，但指出 iTunes 上半年的销售收入为52亿美元。当然，按照市值计算，苹果是全球最大的科技企业，但其大部分收入来自于硬件销售，而不是在线内容销售。另外，近来炙手可热的阿里巴巴之所以没有出现在这份榜单内，可能是因为该公司没有公布相关数据，因此 Strategy Analytics 无法做出比较。

二 互联网创新模式，颠覆新闻生产传播渠道

1. “众包”模式开创大众新闻调查

“众包”这一概念由《连线》杂志编辑杰夫·豪在2006年发表的《众包崛起》中首次提出。这是一种新的商业模式，即企业利用互联网将工作分配出去，以发现创意或解决问题。这个概念后来对互联网商业组织的发展模式产生了广泛影响，对于新闻传播行业也不例外。特别是那些涉及调查的新闻，需要广泛的调查论证，如果仅凭记者是很难完成一个高质量的调查的。这时，“众包”模式的优势就体现出来了。

一直以来，调查性的新闻记者都起着监督政府的作用，但是，单

个记者的力量极其有限，仅靠个别记者的监督，并不能有效地制约公权力，在这种情况下，新闻的“众包”模式就应运而生，特别对调查性新闻产生了重要的影响。

众包调查新闻其实就是利用大众的智慧和力量，把原来由媒体中记者做的工作，通过网络分配给愿意承担这项工作的人。从目前众包调查新闻的创新实践来看，英国《卫报》邀请读者一起来调查英国议员的消费情况无疑是众包调查新闻的一个经典案例。《卫报》创建了一个网站，邀请读者一起来调查英国议员的消费情况，结果有两万多名读者加入了这次调查活动。英国政府将所有议员四年来的花费情况都通过网络公布出来，总共有将近100万份文件，而且都是未经整理的数据文档。如果仅仅依靠记者的力量把这些文件核查清楚，将会是一件非常耗时耗力的工作，因此《卫报》首先想到了通过大众参与方式来核查这些文件。

在《卫报》的网站上有一个让大众参与这项活动的页面。活动一开始，17万份文件在80小时之内就被参与者阅读完毕。通过这次大众参与的众包活动，就这项活动促成的一个读者社区也初具规模。在新闻众包活动中，《卫报》之所以能够成功，主要原因还是因为《卫报》很好地执行了“公开新闻”的计划，其目的就是让更多的普通大众参与到新闻的报道中，这种全民参与新闻报道的方式对于媒体的发展有着极为重要的意义，如果媒体在当今不能够利用互联网与读者联系起来，肯定会错失发展良机。

此外，在“众包”模式中，记者自身的专业技能仍然是非常必要的，而且大数据分析工具在“众包”中的应用也发挥了重要作用，“国际调查记者联盟”组织来自不同国家的数十名记者对上百万份文件进行分析，揭开了库克群岛、英属维尔京群岛等“避税天堂”的面纱。

通过新闻“众包”模式，维基百科只需要3~4小时就可以完成一条新闻，而且报道的细致程度远远超过新闻媒体。在国内，传统媒体的经营收入普遍呈下滑趋势，调查性新闻采用“众包”模式，无疑是阻止媒体业绩下滑的一个重要手段。对于“众包”模式，简单来说它就是集思广益，但是一旦和互联网进行结合，众包就会变成无穷无尽的组织有机体。

尽管众包调查新闻模式会有新闻内容碎片化、新闻真实性不确定、专业素养缺失等问题，但在互联网时代的今天，让社会公众和更多其他的力量来共同参与新闻生产的趋势已经势不可挡，并且众包调查这种模式也为网络媒体的传播开辟了一条新的路径。

2. 社交网站和新闻视频创新新闻传播渠道

数字媒体的蓬勃发展，为信息的传播提供了多种渠道，特别是对新闻行业产生了巨大的影响。以美国的新闻行业为例。

统计数据显示，有大概一半的用户会通过社交网站来分享视频、新闻、图片等内容，并且几乎一半的用户会在网络上讨论新闻。还有约1/10的用户会向新闻网站发布自己制作的新闻视频。在通过Facebook阅读新闻的群体中，大概只有1/3的人会关注新闻机构，通常来说，许多人都是通过好友间的分享来获得新闻内容的。皮尤的研究报告显示，很少有用户会直接到新闻网站上获取新闻内容，对新闻提供商来说，这种单一的战略是不够的。

新闻报道方式的创新。2014年，在线新闻视频在新闻行业得到了扩张，并且该业务在未来还会继续增长。但是，在线新闻视频的收入还比较低，仅占美国数字广告总额的10%。对用户的吸引力来说，用户人数的增长速度已经大大降低，有30%左右的美国成年人会选择收看在线新闻视频。2007～2009年间，收看在线新闻视频的人数增长了27%，但在随后的四年时间里仅增长了9%。但是，一些新闻服务提供商目前正在向数字视频领域进行大规模投资，例如《赫芬顿邮报》的数字应用huffpostlive已经度过了一周岁的生日。

三 网络视频如火如荼，丰富媒体传播方式

网络视频业务是指基于公众互联网开展的视频内容播放服务。与传统电视相比，网络视频种类丰富多样，形式灵活多变。目前，全球网络视频业务发展迅猛，并且已经涌现出多种类型的商业模式、新型终端以及各种丰富的业务，业务形态也逐步清晰。

网络视频在世界范围内正逐步成为更先进的产业，在中国更是如此。中国拥有最多的网络视频观众，将近4.5亿，根据艾瑞咨询公司的调查，到2016年网络视频观众将会上升至7亿[①]。艾瑞咨询数据显示，2014年第二季度，中国的在线视频季度市场规模首次突破50亿元，达到54.3亿元，环比增长38.9%，同比增长73.6%。从用户黏度和有效时长这两个角度来看，网络视频在移动端的表现并不出色；而在PC端，表现却比较良好。这说明网络视频已经成为PC端用户上网行为中的一个重要部分。随着中国4G化进程的加速，网络视频业务会更多地向移动端发展。

现在越来越多的网络自制剧、综艺节目等各种视频节目都纷纷选择和网络视频网站进行合作，并将其网站作为营销与宣传的平台。视频网站的蓬勃发展也为各种视频节目的创作注入了新的活力。电视台热门综艺节目的热播，掀起了网络独播的浪潮，各大视频网站纷纷抢占节目独播权。除了综艺节目，电视剧也是各大视频网站的必争之地，特别是美剧，视频网站花巨资引进版权，也使得美剧更加普及与大众化，并且移动端成为主要的阵地。另外，许多网站都纷纷涉足视频节目的制作，搜狐视频投入大量资金进行自制节目的打造，并且取得了不错的成绩。优酷也准备花重金打造网络自制剧、合作的综艺节

① 参见艾瑞咨询《2014年中国在线视频行业监测报告》。

目等。因为自制节目在内容层面来说，能够在很大程度上降低对传统版权的依赖性，所以更加独立和自主。

2012 年，优酷和土豆这两家最受欢迎的视频网站合并。2013 年 5 月，百度以 3.7 亿美元的价格收购了视频网站 PPS，并兼并了其现有的视频服务商爱奇艺。网络视频领域的全面整合必然会对网络视频行业的发展造成较大影响。网络视频服务商在网络视频产业链中的地位明显提升之后，可能再度进入一个时间较长的网络视频发展新时期。

网络视频的基本商业模式主要包括广告收费和内容收费，从国外的情况来看，美国的 hulu 以 1% 的视频流量夺取了 33% 的美国视频广告市场。而将电视剧和电影点播作为主要业务的 Netflix 则是按照内容进行收费，国内各大视频网站的收入来源则主要还是靠广告、版权收入和视频增值业务。

此外，近几年互联网电视发展迅猛。在国内，一些电视厂商都纷纷转向生产具有网络功能的互联网电视。据预测，2010 ~ 2013 年，互联网电视在中国的出货量有望突破 3000 万台，从 2014 年起，互联网电视每年的销量能够超过 1500 万台。从全世界来看，许多互联网巨头都开始斥巨资研发生产互联网电视。苹果、谷歌等公司也都推出了以智能操作系统为基础的 Google TV 和 Apple TV。互联网电视在全球能够迅速发展主要还是由于其内容资源日益丰富与成熟，并且价格更加大众化。以 Google TV 为例，它以谷歌的搜索技术为基础，用户直接进行相关的搜索就可以在互联网上订阅、观看网络视频。互联网电视的发展为网络视频的发展提供了一个全新的、更加开放的平台。

专题研究篇

Special Topics

BLUE BOOK

B.8

后斯诺登时代的国际互联网治理新体系

高晓雨　姬晴晴*

摘　要: 信息社会世界峰会（WSIS）的举办和斯诺登事件的发生，使得“互联网治理”得到越来越多的关注，并向着多元化方向发展。本文梳理了互联网治理的内涵和发展脉络，从20世纪开始以“技术为中心”的治理机制转型成为21世纪以来的“综合治理”机制，并对发达国家主导的“多利益相关方”治理模式和发展中国家支持的“政府主导”治理模式分别做了介绍，最后指出

* 高晓雨，工业和信息化部电子科学技术情报研究所工程师，硕士，专注于信息化战略研究；姬晴晴，工业与信息化部电子科学技术情报研究所工程师，硕士，从事信息化战略与智慧城市研究。

多边治理的趋势和建立新互联网治理体系的未来。

关键词：互联网治理　治理机制　治理模式　治理体系

2005 年信息社会世界峰会（WSIS）在突尼斯举办，互联网国际治理机制被提上日程，但实际上并没有想象中进展顺利。在互联网治理的架构问题上，不同国家立场、声音各不相同，发展中国家有意愿加入联合国框架之内；很多国家针对可采取的监管模式进行探讨，希望国际电信联盟（ITU）成为联合国之下专门管理互联网公共政策的专业化机构。但是美国持不同意见，认为尽管当前机制存在问题，国际合作很有必要，可是仍然应当保持现有体制，并对现有体制进行适当的调整和改革。相比之下，欧盟则没有偏袒任何一方。欧盟委员会发布了《关于互联网治理立场的声明》（2005 年 10 月），希望与美国站在一起，保持一致立场，只在网上域名由谁及如何分配的问题上与美国存在分歧。欧盟虽然称赞美国做法很好，但也对“由一个政府进行监督的重要系统架构”提出了质疑。所以欧盟赞成成立一个论坛，而不是推翻现有机制。事实上，互联网治理论坛的产生就是这些力量最终博弈的结果，但它实际上没有办法改变国际互联网治理机制本身，国际电信联盟（ITU）、联合国相关机构等国际组织也很难在互联网治理和公共政策方面发挥更为积极有效的作用。

但是，斯诺登和“棱镜门”事件之后，美国在互联网治理中的主导地位开始受到冲击，国际互联网治理向着多元方向发展。

一　互联网治理内涵日益丰富，以“技术”为中心转向“综合治理”理念

20 世纪 90 年代以来，互联网飞速发展，日新月异，“互联网治

理”（Internet Governance）一词也开始为人们所熟知。2004 年 11 月，联合国成立了“联合国互联网治理工作组”（WGIG）。2005 年 7 月，该工作组在一份工作报告中提出了一个比较权威的关于互联网治理的“工作定义”，即“互联网治理是政府、私营部门和民间社会根据各自的作用制定和实施的，旨在规范互联网发展和使用的共同原则、准则、规则、决策程序和方案”。在这份工作报告中，这个定义强调了政府、私营机构以及民间组织等行为体共同参与互联网治理机制这一理念。

互联网国际治理所面对的问题很大程度上也是国内治理面临的问题。《信息社会突尼斯议程》明确提出“涉及互联网的公共政策问题的决策权属国家主权”，也就是说在互联网国内治理方面，各国可以根据自己面临的特定问题、需要和特点而自行其是。国内治理与国际治理既有许多共同之处，也有许多差异。国内治理主要涉及互联网基础设施和资源管理、网络使用与安全问题、知识产权与电子商务问题、信息内容治理、技术标准问题等。

国际互联网治理主要包括两个阶段。

第一阶段，20 世纪 70 年代至 90 年代末，以“技术”为中心。

互联网发展早期，人们对网络的认知仅仅停留在技术层面，其最本质的特征就是开放、自由、平等和共享，建立在这种认知体系上的互联网治理自然以“技术”为中心，注重不受传统现实社会约束限制的个性，主张没有政府参与和限制的自由，重视发挥民间团体、私营部门和个体的作用。这个阶段又可以分为两个时期：从 1960 年代末至 1980 年代中期是第一个时期。互联网主要用于科学研究，技术专家们发挥了主要作用。标志事件包括 ARPANET 的建立、IP 地址资源空间确立、域名系统演进为层次化的树状机构。第二个时期从 1980 年代中期至 1990 年代末。互联网的基础标准基本形成体系，互联网本身也从科学实验网络向商业网络转变。与互联网资源分配和技术标准相关的组织，如互联网工程任务组（IETF）、区域地址分配机构（RIR）、互联网名称与数字地址分配机构（ICANN）等也相继在此期间成立。

这一时期的机构设置主要以技术协调与管理机构为主，成立的各种治理组织，无论是国际层面的互联网工程任务组、互联网名称与数字地址分配机构，还是地区层面的欧洲国家顶级注册管理机构委员会（CENTR）、亚太互联网络信息中心（APNTC）等机构，主要职能就是着眼于标准的制定与技术的推进。在力量格局上以私营部门为主导，政府能够施加的影响和控制力相对较弱。除了国际电信联盟（ITU）是由政府主导外，在其他机构中，政府作为成员，与其他组织和个人地位等同。即便是在国际电信联盟，私营部门的影响力也十分突出。在决策过程中主要由该领域的专家、运营商以及用户等群体通过自下而上（bottom-up）、非集中化（decentralized）的方式形成规则。在治理内容上，重点关注网络协议与技术标准的制定与管理等，治理成果主要集中在相关网络协议与对网络物理体系结构的管理等，如建立 TCP/IP、ISO/OSI 模型，对域名和 IP 地址分配实施管理，解决网络费用结算等问题。

第二阶段，进入 21 世纪以来，互联网治理逐步向“综合治理”转型。

随着互联网的快速发展，传统以“技术”为中心的治理机制无法适应形势需要，体制缺陷日益凸显。一是“自下而上”的决策模式使得很多现实问题，尤其是技术之外的问题无法得到应有关注，即便有也更多停留在倡议与呼吁层面，很少能形成有操作性的措施；二是政府作用的缺失使得该体制缺乏“强制力”，对于现实问题的应对明显乏力与失效，执行力更是无从谈起；三是随着互联网资源争夺的日益激烈，一些重要机构面临“合法性危机”。

其中，联合国主导下的信息社会世界峰会（WSIS）起到重要的促进和推动作用。2003 年 12 月，信息社会世界峰会第一阶段会议在日内瓦举办，各国政府、私营部门和民间社团组织的代表等针对互联网管理问题进行了一系列讨论，议题包括是否要对互联网进行管理、由谁来管理、怎样管理、管理什么内容等。在会上，对于美国政府单边控制互联网关键资源的现象，很多发展中国家（中国、沙特阿拉伯等）希望解决这一国际互联网治理机制问题，但最终因为存在严重分歧而没有达成共识。为此，时任联合国秘书长安南经会议授权，成立了联合国互联网治理工作组（2004 年 11 月），专门研究互联网国际治理问题，并向信息社会世界峰会第二阶段会议提出研究报告。在 2005 年于突尼斯召开的第二阶段峰会上，关于“互联网管辖权”的问题分歧依然较大，会议最终同意由联合国秘书长召集建立一个互联网治理论坛（IGF）[①]，政府、私营机构、民间组织（包括学术界和技术界）、个人都可以平等参与讨论，该论坛为各利益相关方提供了一个有效的平台，可以借此讨论包括互联网关键资源管理和安全、开放和隐私、多样性以及更多新的问题。但是我们不能指望互联网治理论坛从根本上解决国际互联网治理机制的问题，因为这个论坛并不会对互联网政策问题做出决策。

表 1　“技术中心”治理机制与“综合治理”机制的差异

	“技术中心”治理机制	“综合治理”机制
机构设置	以重要网络资源分配（如 ICANN）、基础设施维护技术标准制定机构为代表	WGIG、IGF 发挥全球协调作用
力量格局	以“私营部门”为主导	政府作用得以提升
决策过程	各机构各司其职，决策过程各不相同，没有普遍可适用性	交流与协商一致的平台，WGIG、IGF 在全球范围内就共同关注问题提供意见
治理内容	目标是维护互联网正常运转以及促进互联网技术发展	包括政治、经济、社会、文化等多个公共政策领域

① 互联网治理论坛于 2006 年 10 月举行第一次会议。

二 国际互联网治理存在分歧，“多利益相关方”或“政府主导”模式之争

目前，国际互联网治理体系在治理模式上存在着“多利益相关方”模式和“政府主导型”模式的分歧。

美国和一些发达国家支持“多利益相关方”模式。他们反对政府介入互联网治理领域，继续坚持由私营部门主导，认为互联网治理的范畴应仅限于互联网名称与数字地址分配机构（ICANN）负责的技术协调工作。具体而言，网络空间由多个行为体组成，既包括国家行为体（政府机构），也包括非国家行为体（如私人机构、学术团体、非政府组织、个人用户等）。网络空间治理模式应当是所有非国家行为体共同参与的“多利益相关方”治理模式。非国家行为体应当与国家行为体一样，在网络空间的开放、繁荣、透明方面发挥同等重要的作用。而作为国家行为体的政府机构，不能像管理现实世界那样对网络虚拟空间进行管理。如果互联网治理由国家行为体（政府）主导，那政府就有了合法监控网络的权力，他们会封锁、过滤特定的信息，控制网络空间，损害网络空间的言论自由等人权，还会阻碍全球经济、金融贸易等的自由流通，甚至导致网络空间的断层和分裂。

而以中国、巴西、南非和印度等国为代表的发展中国家则支持“政府主导型”模式。他们认为互联网治理问题应从更为广泛的视角来看，既包括对互联网资源的管理，也涵盖公共政策的问题；既有对地址、域名、根服务器的管理，也包括对知识产权、垃圾邮件、不良信息的管理等。所以各国政府介入非常必要，而且互联网治理应纳入由政府发挥主导作用的联合国框架之内。国家和政府是国际关系和网络空间治理中的主要行为体，是全球治理的主要推动者和参与者，在网络空间中履行国家职能，负责信息基础设施的安全和运营，管理网

络空间信息，依法打击网络犯罪行为等。非国家行为体参与全球治理往往面临着能力、权力、资源缺乏的问题。除此之外，当前网络空间的全球治理进程中，面临着发展中国家代表性不足的困境。因此很多发展中国家认为，“多利益相关方”的治理模式只代表了以美国为首的很多西方国家利益，而广大发展中国家中的非国家行为体，缺乏网络空间中的国际行动能力和话语权，其声音和观点很难被听到，参与到网络空间全球治理进程也格外困难。所以大多数发展中国家认为，国际互联网治理应以政府为主导，同时广泛听取和采纳非国家行为体的意见；而“多利益相关方”治理模式则可用于国内互联网政策的制定。

上述两种不同的治理模式导致了各国在网络空间全球治理平台上有着各自的观点。“多利益相关方”治理模式的支持者认为应当绕开联合国，建立自我管制、自下而上的治理模式，一个典型案例就是“伦敦进程”（London Agenda）项目，其由美欧等国从2011年起开始推动。而“政府主导型”治理模式的支持者，则更愿意在联合国框架内寻求解决之道。这两个平台其实并不冲突，完全可以互补。

三　治理模式分歧不断调整，国际互联网治理新体系或将成形

就本质来看，治理模式的分歧在发达国家和不发达国家之间是不存在的，对任何一个国家来说，网络空间都既有公域属性，又有主权属性。一国不能在自身网络主权没有受到威胁时就一味强调网络的公域属性，忽视其他国家网络主权受到的威胁；也不能有时主张公域属性，有时主张主权属性。这样，不利于互联网国际治理体系的建立和全球互联网的健康发展。

从当前发展趋势来看，发达国家和新兴国家均开始趋向于提倡多

边治理，只不过在这其中，政府到底应当发挥多大的主导作用还没有达成一致。全球互联网治理体系的构建，既得益于各国观念的碰撞与交流，也受制于各国实力的对比。制定切实可行的网络空间全球规则，不应以某个国家的意志为主导，须尊重和保护那些在互联网技术领域处于弱势地位国家的利益和主权。也许在不久的将来就会形成新的国际互联网治理体系。

B.9

信息化推进世界主要都市圈及城市群发展研究

李 强*

摘 要： 本文总结了东京都市圈、纽约城市群、伦敦城市群、首尔城市群，以及北美五大湖城市群等都市圈和城市群运用智慧理念与先进技术的经验，探讨了信息化在推进都市圈和城市群发展方面所起的作用及其启示。

关键词： 信息化 都市圈 城市群

随着交通和网络技术的飞速发展，城市区域之间的联系日益紧密，人流、物流、资金流、信息流的流动日益频繁，愈加顺畅。东京都市圈、纽约城市群、伦敦城市群、首尔城市群，以及北美五大湖城市群等国际知名的都市圈和城市群较早地运用智慧理念和先进技术，推动城市从封闭结构走向开放系统，放大了区域整体的协同发展效应，促进了智慧城市群的迅速发展。

* 李强，工信部电子科学技术情报研究所信息化研究与促进中心工程师，硕士，从事农业农村信息化和智慧城市领域研究。

一　国际主要都市圈及城市群信息化促进发展的典型做法

1. 东京都市圈——信息化辐射式带动都市圈发展

日本东京都市圈以东京市区为中心，半径80公里，总面积1.34万平方公里，由东京都、埼玉县、千叶县、神奈川县共同组成。人口有3400多万，即在全国3.5%的面积上生活着全国27%的人口，并创造着日本1/3的GDP。东京都市圈的城市化水平高于80%。

从大局出发，日本政府对都市圈进行全方位的统一规划，通过“东京泛在计划”构筑高度普及的信息基础设施；利用智能交通系统，建立起完善的交通体系；全面普及智慧医疗，使得信息化真正惠及民生；多举措开展节能环保，促进都市圈绿色可持续发展。

（1）全方位统一规划，推动都市圈协调发展

日本政府针对都市圈内各城市间的协作问题，对整个区域制定了统一的规划。同时政府从都市圈大局出发，出台交通、环境、信息共享平台建设、产业一体化等区域政策。这些区域政策的实施没有按照行政区划进行，而是不分具体城市等级，适用于整个都市圈内的所有成员城市。

（2）泛在信息基础设施，奠定ICT深入应用基础

东京正式实施“东京泛在计划”，在大规模信息基础设施建设的基础上，推动信息技术广泛深入应用，目前无线互联已在银座、新宿等购物地区开展推广应用。

（3）先进的智能交通系统，打造快捷“通勤圈”

东京区域的交通运行由智能交通信息系统负责管控，该系统包括交通控制中心和车辆信息沟通系统。交通控制中心通过收集、处理、发布道路交通信息，进行交通信号控制、交通信息交流等，并将信息

显示在控制中心中央显示板上，同时将这些交通信息通过不同的方式向社会进行发布。

（4）电子病历全面普及，提升区域医疗信息化水平

在东京大都市圈的各类医院中，电子病历系统已基本普及，基本实现了诊疗过程的数字化、无纸化和无胶片化。电子病历系统整合各种临床信息系统和知识库，提供病人基本信息、住院信息和护理信息等，设置有为护士提供自动提醒，为医生提供检查、治疗、注射等一切诊疗活动的开单等功能。

（5）多项节能环保举措，促进绿色城市发展

东京将信息技术充分运用于写字楼、办公室等办公空间，有效减少了二氧化碳排放，造就了绿色的办公环境，千叶县采用最新 IT 技术和太阳、生物学发电技术，在彻底利用城市未利用能源的同时，构筑可整合每栋建筑物的能源管理系统，使整个地区的发电量及耗电量状况实现可视化，从而实现全面节能。

2. 纽约城市群——智慧城市为区域发展迎来新机遇

纽约城市群位于美国东北部大西洋沿岸平原，世界五大城市群之首，北起缅因州，南至弗吉尼亚州，跨越 10 个州，包括纽约、费城、华盛顿和波士顿四大核心城市，以及 40 个 10 万人以上的中小城市。该区域总面积约 13. 8 万平方公里，占美国陆地总面积的 1. 5%，人口达到6500 万，占美国总人口的 1/5，集中了美国 70% 的工业，占美国 GDP 的 30%。

在遵从共同发展战略的前提下，纽约城市群普遍开展了智慧城市建设，在信息基础设施普及、电子政务实现政府职能转变、智能交通优化城市管理、信息化改善公共服务质量等方面取得了显著成效。在全球智慧社区论坛（Intelligent Community Forum，简称 ICF）每年评选的智慧城市中，纽约城市群均有成员城市入选“全球七大智慧城市”，如弗吉尼亚州阿灵顿、布里斯托尔，纽约州威彻斯

特等。

（1）城市群的信息化发展，遵从共同的发展战略

纽约都市圈内的主要城市均将信息化发展重点放在基础设施建设、数字政府和数据开放等方面。究其原因，是城市群内核心城市均以《美国国家宽带计划》、《美国数字政府战略》、《美国开放数据行动计划》等战略规划为指导，着力在实现网络普及和数据共享的基础上提高信息化手段的应用水平。

（2）管理组织结构独立，形成单一化地方事务性模式

美国传统的政治体系和文化背景为纽约城市群想要建立一个统一的城市群政府目标形成了不小的障碍。因此，纽约城市群的行政体系呈现相对松散、非统一性的特征。在这种体系下，为了更好地开展信息化建设与应用，纽约城市群成立了专门的组织协调机构负责相应的信息化工程的实施，从而形成信息化推进过程中单一化的地方事务性模式。

（3）开展智慧城市建设，城市群发展进入新时期

1）普及信息基础设施，缩小数字鸿沟。纽约市在下辖五个区充分将旧的基础设施进行改造，开发新应用，向更多的人提供免费无线网络；费城地区实现4G LTE网络的全覆盖，并通过“城域Wi－Fi无线互联网”计划使该市的低收入家庭，重点包括1/3以上生活在贫困线以下的家庭，能够享受数字时代带来的实惠与便捷；阿灵顿通过I－NET建成智能交通的宽带资源；奥尔巴尼通过在全区域内提供无线网络服务，成为美国无线网络最发达的城市之一，并且通过在线教育项目ALLbany Online帮助失业人群为就业做好准备。

2）电子政务转变政府职能，提升服务质量。纽约市政府网站不仅为市民提供大量有价值的信息，还可以处理公众与政府相关的事务。特别是通过《开放数据法案》，政府开放数据平台上已经聚集了超过1300个数据集。波士顿利用移动应用程序——市民连线4.0，

提升政府工作效率，加强与当地居民的沟通和交流。

3）实施智能交通，方便城市管理。纽约利用智能交通信号系统监控全市5个区的主干道，通过及时跟踪曼哈顿岛上交通信号灯的动态变化，为工作人员处理事故和交通拥堵提供实时信息。此外，还通过实施“中城动起来”项目，利用计算机演算来形成最优交通疏导方案，并在出租车内安装卫星定位系统，以更好地了解交通情况和拥堵成因。波士顿通过整合社交网站数据，绘制出波士顿交通情况全面而完整的实时图像，供有关人员参考。

4）以服务公众为主导，提升公众生活品质。纽约的311呼叫中心将40个部门的电话变成一个，接线员负责处理一般的询问，从数据库中查找答案。对于报案或各种投诉，接线员将电话转给市政府相关部门，以便为市民排忧解难；费城利用停车计时器实现智能停车卡缴费，为公众提供便利服务；威彻斯特提供多个领域的专门信息技术支持和服务，包括电子印刷、网络、办公系统服务、地理信息系统和紧急救援。

3. 伦敦城市群——信息化策略驱动区域发展求同存异

伦敦城市群以伦敦－利物浦为轴线，包括伦敦、利物浦、伯明翰、曼彻斯特4个大城市，以及10个中小城市。该城市带总面积4.5万平方公里，占英国总面积的18.4%，人口3650万，占英国总人口的64.2%，经济总量占英国的80%。伦敦城市群在利用信息化推动城市群发展方面，虽然统筹机构不尽相同，但是均采用了战略规划先行、专门机构统筹的统一模式，并且在开放政府数据、构建智能交通体系，缩小数字鸿沟、大气污染联防联控等方面均开展了一定程度的信息化联动。

（1）战略规划先行，牵引信息化建设

伦敦城市群中成员均将信息化看做发展的机遇和挑战，并很重视自有信息化战略规划的制定与实施，以此明确信息化建设方向，刺激城市经济发展，将信息化红利惠及个人。2001 年，伦敦市政府发表了名为《电子伦敦：伦敦的机遇与挑战概述》的报告，明确提出建设“电子伦敦”（e－London）。同年底，制定了“连接伦敦”（London Connects）战略，目标为：到 2005 年时要使其所有公共服务都可通过在线服务完成。此后，又推出“连接伦敦未来战略”，明确提出：在 2012 年将伦敦建设成为“智能城市”。2009 年，伦敦市推出首都雄心（Capital Ambition）计划，包括伦敦连接、同步传递、提高业绩、发展能力四个主题，以及数据连接论坛等八个信息化项目。

此外，曼彻斯特市议会制定了“曼彻斯特科技城市计划”（Manchester Science City Program），主要用来鼓励创新、大幅提升生产效率；2006 年，伯明翰启动了“数字伯明翰”计划，促进光纤数字区域发展与城市发展的互联，旨在保证数字化所带来的利益和新型科技能够惠及所有个人、企业和城市中的各个行业。2012 年 11 月，伯明翰发布了《伯明翰智慧城市愿景声明》（Smart City Commission Vision Statement），声明确立了伯明翰未来的城市发展路线图，并将伯明翰定位为世界领先的智慧互联城市；2012 年 6 月，利物浦也发布了《连接利物浦计划》（Connected Liverpool）。

（2）设立专门机构，统筹信息化各项工作

为了各自战略规划的更好开展，伦敦城市群的成员纷纷成立专门机构来统筹各部门信息化工作，应对面临的难题。伦敦市成立了跨部门的“连接伦敦”工作组以指导“连接伦敦”战略及相关规划的实施，其职责主要是将地方、地区和中央政府衔接起来，同时协调伦敦市各政府部门，推动公共服务的集成化，以向公众提供一站式、方便快捷的服务。另外，伦敦还设有“连接委员会”和指导组来对“连接伦敦”战略的实施和“连接伦敦”工作组的工作进行指导。后来又成立了首都雄心理事会负责统筹伦敦大区的信息化工作，致力于伦敦大区的效率提升项目，以节约资源、降低成本、提高性能。伦敦的智慧城市建设由伦敦市长召集组成的“智慧伦敦委员会”领导，以科技作为伦敦发展的核心。

曼彻斯特设立有数字发展委员会，其目标与欧洲数字议程的目标一致，即促进“智慧、包容、可持续的经济发展”。曼彻斯特数字发展委员会的数字创新项目主要是“智慧城市”和通过“生活实验室”进行用户驱动的创新。

伯明翰成立智慧城市委员会发布路线图帮助伯明翰应对人口老龄化、赤字上升、经济发展缓慢、交通拥堵、资源短缺等一系列挑战，并从中寻找机会推动新兴科技的发展。

（3）重视开放数据，鼓励企业和市民参与

大伦敦市政府（GLA）指挥一些跨行政区的职能部门，如交通、安全、经济发展和旅游业共同执行一个城市数据中心共享方案，它指定伦敦市的各级机构、公务员和其他数据捐助者把数据积累到公共数据库 London Datastore。通过该数据库，政府发布了数以千计的实时数据集，譬如运输和经济方面的数据。

（4）服务弱势群体，缩小数字鸿沟

曼彻斯特鉴于其东西部地区经济发展两极分化严重，通过实施“东部服务”计划向落后地区发放电脑、创建东部无线宽带网、为网上教学基金会资助建设的学校提供信息技术培训等，以期缩小东西部地区信息化发展差距。

伯明翰则是通过加强网络教育，提高弱势群体信息化能力。通过开展 DISCOVER 项目形成一种网上培训模式，对护理人员进行培训和测评；通过“保持温暖，保持健康”（Stay Warm Stay Well）项目保证让尽量多的家庭能够通过多种数字渠道了解信息。

（5）开展清洁革命，实现大气污染联防联控

伦敦城市群的部分城市签署了欧洲城市组织的《绿色数字宪章》（Green Digital Charter），共同肩负起开发“绿色数字”试点项目，实

现将温室气体排放降低 30% 的目标。伦敦搭建能够将海上生产的电能输送到岸上的先进电网，从而构建一个可覆盖伦敦大部分地区的智能电网；启动“Source London”试点项目，旨在建设可供电动汽车车主在全市的任何充电地点充电的网络。曼彻斯特提出了“可持续旅行”口号，旨在鼓励人们多步行、多骑自行车、多利用城市公交出行，而非开私家车、多拼车。与此同时，政府还推出了包括学校出行计划、公共交通信息平台、家庭购物、拼车俱乐部、SOHO 等在内的“智慧选择项目”（Smarter Choice Program）。伯明翰通过开展能源评估，为家庭提供能源管理，从而为家庭能源使用提供建议。

（6）多系统构建智能交通体系，解决城市交通难题

通过伦敦“Oyster”非接触式借记卡，80% 的伦敦公共交通服务费用都可以被支付。曼彻斯特政府通过停车服务系统，让客户能够在互联网上轻松登录系统并提前预订车位；利用“免费城市中心公交服务”连接区域内主要的铁路车站、停车场、公交车站和有轨电车站。伯明翰通过将一系列的交通拥堵、车位、公共汽车发车信息相结合，利用交通信息终端为人们提供实时的定位跟踪信息，用户和乘客可以在查询栏输入他们的地点查询相关信息。

4. 五大湖城市群——信息经济是区域联动发展的关键

北美五大湖城市群，从华盛顿、纽约、芝加哥向东到底特律、匹兹堡，并一直延伸到加拿大的多伦多和蒙特利尔，其间分布有匹兹堡、克利夫兰、托利多、底特律等 7 座大城市和 28 个中小城市，面积约 14 万平方公里。北美五大湖城市群在统筹基础设施互联互通的基础上，强化产业分工，利用信息经济促进城市群经济协调发展，通过产业集聚，形成规模经济、范围经济；利用电子政务开展成员城市之间的沟通，提高沟通效率，统筹规划区域发展。

（1）统筹基础设施互联互通，城市信息化成就斐然

北美五大湖城市群成员政府之间通过服务合同的方式进行协调管

理，建立区域信息网络协调机制，对信息基础设施实行共享，提高信息设施的使用效率。

该城市群信息化水平取得令人瞩目的成就，多个城市在国际上的智慧城市评选中脱颖而出，如美国拥有首个“互联社区”的美国威彻斯特市、为市民提供“足不出户享受在线教育”服务的美国奥尔巴尼市、建成“无线费城”实现网络无缝覆盖的美国费城、信息化助力城市转型发展的加拿大多伦多，以及搭建智慧社区门户的加拿大温莎－埃塞克斯市等。

（2）强化产业分工协作，信息经济成为区域协调发展关键

1）电子商务促进协调发展，打造北美制造业带。北美五大湖城市群依靠高度发达的信息网络，积极建立和发展城市个体之间的内在联系，共同构成一个相对完整的城市集群电子商务网络。该区域通过电子商务集聚形成的规模经济、范围经济以及高速通道缩短了城市间的空间距离和经济距离，企业在生产、服务、管理和交易等各方面的成本大大降低，投资回报率和要素收益率明显提高。电子商务促进了北美五大湖城市群协调发展，组成了一个大型化、专业化、协作化的现代化经济运作的有机综合体，既保证了分工明确又能够相互补充。

2）信息化推动政府间购买服务，实现基础设施共享。城市群内成员政府间以服务合同的方式在北美五大湖城市群区域协调管理中应用也比较普遍。如纽约州威彻斯特市建立了救援医疗分流系统，使得医院能够在一段时期内实行分流；区域内城市之间签订治安和消防合约，就近合作解决城市边缘地带的治安和消防等问题。

（3）电子政务提高沟通效率，统筹规划区域发展在五大湖城市群针对一些诸如供水、垃圾、消防等具体的区域性问题时，政府不断建立各项专门的协调小组。为了提高各个专门协调小组的沟通效率，五大湖城市群政府管理部门推行内部办公电子化，会议通知、政策宣

传、信息传达、法规颁布、意见调查等，都以电子邮件方式处理，以加快信息的流通。

5. 首尔城市群——信息化大平台促进区域发展无障碍

首尔城市群的形成始于 20 世纪 70 年代中期，包括首尔特别市、仁川广域市和京畿道，土地总面积 11726 平方公里，占韩国国土总面积的 11.8%，人口 2300 万，占韩国总人口的近一半。首尔城市群通过制定统一的信息化发展战略，在信息基础设施、智能交通、城市管理、政府服务等方面开展信息化大平台式建设与应用，促进整个城市群无障碍、一体化发展。

（1）制定信息化发展战略，构建完善的规划体系

在信息化方面，首尔制定了“数字首尔（2002～2006）”规划，目标是建成“市民满意、世界最好的智能城市”，大力推进市民生活方式智能化、产业智能化、基础设施智能化、政府行政管理自动化。并设有“数字首尔”专项资金。2006 年，首尔公布“u－Seoul”（u－首尔），计划到 2011 年投入 8.3 亿美元，深化信息技术在公共规划和管理中的应用。其目标是建成世界领先的商业城市，包括：社会福利（u－Care）、文化（u－Fun）、环境（u－Green）、交通（u－Transport）、产业（u－Business）、行政及都市管理（u－Governance）。2009 年，韩国全境推行“U－City”综合计划，大力支持核心技术国产化，使得智慧城市建设上升至国家战略层面，2011 年，首尔发布了“Smart Seoul 2015”（“智慧首尔 2015”）计划。

（2）设立专门的协调机构，保障规划顺利实施

为协调解决城市群发展中的问题，韩国政府设立了“首都地区管理委员会”。该委员会成员包括首尔特别市市长、仁川广域市市长和京畿道知事，由国务总理任委员长、财政部部长和建设交通部部长任副委员长、相关部委长官任委员。这样一个跨辖区的机构，保证了各项规划政策的实施。

（3）信息化大平台式建设，促进城市群一体化发展

1）泛在的信息基础设施，人人享有智能设备。首尔城市群的综合性网络包括高速宽带有线和无线网络，如 Wi－Fi 和 NFC（近场通信）。该区域的网速排名位居全球前列，特别是首尔市的网速排名连续多年占据“世界第一”，并早在 2007 年就已经实现了光纤网络覆盖。该区域推进信息化建设的一个关键支柱是提高对智能设备的接入以及教会新用户如何操作它们，从而确保能够听到每个市民发出的声音。

2）开展定制型服务，全面实现网上办事。以首尔市政府为代表的首尔城市群主动扩大网络行政服务的覆盖范围，积极以市民的需求为导向，提供“定制型”信息服务。通过收集分析大数据来挖掘民众需求，根据开放应用程序接口的利用以及数据的再利用情况，进一步共享部分数据以适应市民和企业的不同需求。

3）多系统共同推进城市管理，打造智能交通出行。首尔市通过利用信息技术对城市的道路、部件、地下管道等基础设施进行精细化管控，为政府部门提供规划、土地等城市基础信息服务，并面向广大市民提供有效且时效性极强的交通信息。在新的交通卡系统中，在整个首尔城市群范围内，一个智能卡可以作为交通卡、电子货币等多种用途使用。

4）致力开展绿色项目，构筑环境友好型都市圈。首尔市通过智能计量的手段，追踪水、电、气消费量的数据，在对数据进行分析的基础上，形成报告，并提供给家庭、办公机构和企业主。报告中数据具体以货币单位形式给出，以不同的消费模式进行分类，并提出了对相应消费模式的调整建议，以此节约能源。此法目的在于将其城市总能源消耗降低 10%。仁川广域市则大力推进低碳基础设施建设，主要通过碳吸收和减少碳排放来达到低碳环保的目的。实际实施的过程涵盖了绿色交通、生态城市空间、水资源利用、建筑节

能及新能源利用等方面。例如，其废弃物收集系统中不再有垃圾车，而是建立地下输送管道将垃圾直接运至垃圾场，进入垃圾场的自动垃圾清理系统，这大大减少了人力和运输费用，并改善了居民的生活环境。

二 信息化推动国际主要都市圈及城市群发展经验

1. 系统、完备的战略规划统筹区域发展

为确保都市圈及城市群内各成员城市间在信息化建设方面进行协作，大部分城市群采取了统筹发展、制定系统的战略规划这一举措。东京都市圈制定统一的发展战略，出台信息共享平台建设、产业一体化等一系列区域规划；纽约城市群在国家层面统一的发展战略引导下，制定“数字路线图”来推进区域发展；首尔城市群在国家 u－city 综合计划的统筹下，开展区域内各城市的信息化部署。

2. 泛在信息基础设施奠定技术应用与服务普及基础

当前，所有都市圈及城市群均将信息化建设的重点放在信息基础设施，特别是网络的泛在普及上，这为信息技术深度应用与信息服务的惠及共享奠定了基础。东京都市圈开展“东京泛在计划”，为信息技术广泛深入应用奠定基础；纽约城市群通过无线网络全覆盖，实现全域网络免费接入；首尔城市群通过开展大平台式信息基础设施建设，实现高速网络时时泛在、人人共享。

3. 均等化是缩小区域数字鸿沟的重要举措

缩小数字鸿沟是推进区域发展一体化的重要方面。国际都市圈及城市群主要在网络的无缝接入与提供均等化服务方面付诸大量努力。纽约城市群通过优质价廉的无线网络全域覆盖，使得贫困群体实现无

缝接入；伦敦都市群通过向弱势群体发放智能设备，力求实现信息化人人享有。此外，提供信息服务均等化也是缩小数字鸿沟的重要方面，纽约城市群与伦敦城市群通过提供在线教育服务，帮助弱势群体实现再就业。

4. 智慧城市成为解决“城市病”的有效途径

人口、资源、环境、交通等“城市病”是所有都市圈与城市群发展过程中的通病，国际几个主要城市群开展的智慧城市实践为解决这些难题提供了行之有效的方法。在解决交通问题方面，东京都市圈将智能交通系统与轨道交通完美结合，打造便捷“通勤圈”辐射式带动区域发展；纽约城市群通过实施“中城动起来”项目，利用智能交通系统，整合交通数据，解决城市交通拥堵问题；在打造绿色低碳城市群方面，伦敦城市群通过签署欧洲《绿色数字宪章》，开展城市间大气污染联防联控，实现城市群生态联保；东京都市圈通过将信息技术充分运用于办公空间、利用节能技术产品等举措，构建环境友好型都市圈。

5. 优质服务是提升城市群生活品质的核心内容

大部分都市圈与城市群均通过使用信息化手段提供“以人为本”的优质公共服务。东京都市圈通过向全域推广电子病历系统，为公众提供高质量的医疗服务；纽约城市群通过311呼叫中心，为民众排忧解难；伦敦城市群重视开放数据的使用，为企业和民众提供全方位的数据服务；首尔城市群通过在全域内推广使用集交通、金融多功能于一体的智能卡，畅享优质生活。

6. 发展信息经济有利于区域发展有机体的形成

以电子商务和现代物流为牵引，明确区域间产业分工，引导人口和产业的合理集聚，信息经济促进区域经济发展有机融合，充分发挥城市聚合效应。五大湖城市群依靠高度发达的信息网络，共同构成一个相对完整的城市集群电子商务网络，并通过电子商务集聚形成的规模经济、范围经济以及高速通道缩短了城市间的空间距离和经济距离。

7. 信息安全成为保障城市群有序发展的关注焦点

面对复杂的网络环境，所有都市圈与城市群均面临多样的信息安全事件。因此，预防与应对信息安全事件的发生，成为区域健康发展的关注点。伦敦城市群通过建立数据中心保障城市群的数据安全；加强对社交网络的区域联合监管，有效利用 Facebook（脸谱）、网站 Flickr 及 Twitter（推特）等工具来减少信息安全事件的发生。

三　信息化推进我国城市群协调发展的启示

1. 统筹基础设施互联互通，整体谋划区域信息化布局

整体谋划区域信息网络布局，建立区域信息网络协调机制，支持和鼓励电信企业降低资费水平，城市群实行区号统一，手机实现同城无漫游，推动信息服务均等化；建立区域地理信息平台，共建和共享地理、人口、经济、资源、环境、交通等空间信息基础设施，服务于区域规划建设、环境保护、资源利用、大型基础设施建设、防灾减灾、政府决策等。促进交通基础设施共建共享，完善交通信息网络，整合交通信息资源，大力推进区域交通、社会保障等“一卡通”工程。促进区域政务信息资源开发、应用与共享。

2. 提供均等化信息服务，是缩小数字鸿沟的重要举措

通过大力推进区域间均等化服务，减少区域间导致发展不均衡的因素产生，缩小数字鸿沟。大力推进信息基础设施在城市之间、城乡之间的普及，实现网络无缝接入；调整通信资费，降低入网“门槛”。利用信息化手段提供区域间均等化服务，如通过在线教育与培训，提高民众信息技能，赢取公平就业机会等。

3. 以智慧城市建设为抓手，走绿色低碳可持续道路

探寻信息化与城镇化协调互动最佳模式，升级打造“大民生”、“大管理”、“大环保”等智慧应用。发挥中心城市的辐射作用，建立区域交通、教育、医疗、就业一体化的大体系。建立区域智能交通平台，将智能交通系统与轨道交通相结合，实现以安全、快捷、高效的交通体系带动区域协调发展；建立区域优质教育资源共享平台，通过远程教育、在线课堂等形式，实现区域内优质教育资源的开放共享；共享医疗资源，运用现代信息技术实现远程医疗，进一步缩短医生和病人的距离，解决医疗资源的不均衡性；建立区域就业服务平台，有效引导高校毕业生、人才服务机构和用人单位，打造优质的区域就业环境，推动区域生态环境治理协调联动，应用物联网、无线网络等信息通信技术建立区域环境监测平台，加强对空气、河流、湖泊、森林等环境资源的动态监测和信息共享，构建城市群生态联保体系，实现城市群环境一体化发展。

4. 强化产业分工协作，以信息经济激发城市聚合优势

明确区域间产业分工，引导人口和产业的合理集聚，以信息经济激发城市聚合优势。应用云计算技术构建区域产业集群公共服务平台，开展公共信息技术研发、应用合作，促进形成区域技术创新体系；建设区域产业协作网络，开展产业协作，以信息流引领资金流、技术流、人才流等生产要素的全面融合；完善新一代信息技术产业的区域布局，形成产业链协同发展态势；推进电子商务和现代物流协同发展，依托发达的交通网络和信息网络，建立区域电子商务框架和发展体系，重点发展中小城市和小城镇电子商务，促进区域均衡发展。

5. 强化信息安全体系建构，应对区域一体化发展冲击

构建全社会协作参与的信息安全体系，借助云安全平台，提高信息安全保障的准确性与及时性。设立全方位的信息安全管理制度，

实现网络系统保护与信息资源保护并重，对外防范与对内防范并重。确保信息保密和信息开发之间的平衡，实现信息安全保障和信息资源开发的同步提升。研发适应开放环境的新型信息安全技术，解决城市群在一体化协同发展的开放式、移动化环境中的信息安全保障问题。

B.10 德国工业4.0战略研究

黄小燕*

摘　要：本文从德国提出工业4.0的背景、主要内容和未来愿景、推进体系和推进路径、行动方案和措施、信息物理系统等相关标准的制定、德国企业实施工业4.0的活动等方面，系统研究德国工业4.0战略，并通过和我国两化融合的对比分析，借鉴德国工业4.0的成功经验，提出我国以智能制造为突破点、推进两化深度融合的政策建议。

关键词：工业4.0　智能工厂　智能制造　两化融合

"工业4.0"是德国从政府层面提出的战略，代表德国从国家层面对未来制造业走向和相关问题的战略布局和对策。2014年10月初，国务院总理李克强访问德国期间，中德双方签署《中德合作行动纲要：共塑创新》，宣布中德两国将在"工业4.0"领域开展合作。德国工业4.0与我国两化深度融合在核心理念、主要内容、推进措施等诸多方面殊途同归。当前我国正处于大力推动两化深度融合、促进工业转型升级的关键时期，研究德国工业4.0，有利于进一

* 黄小燕，工业和信息化部电子科学技术情报研究所信息化研究与促进中心高级工程师，主要研究方向为智能制造、两化融合、工业4.0、信息化战略等。

步明确两化深度融合的推进思路，也有利于两化融合的推广和与国际接轨。

一 德国为什么提出工业4.0

1. 德国提出工业4.0的背景

工业4.0初步概念的提出始于2011年，由德国相关协会在德国汉诺威工业博览会上提出，随后逐渐被认可和传播。历经两年的发展，在2013年汉诺威工业博览会上，“工业4.0”工作组发表了最终报告《保障德国制造业的未来——关于实施工业4.0战略的建议》，德国政府正式提出“工业4.0”战略。2014年汉诺威工业博览会更是以“融合的工业——下一步”为主题，契合“工业4.0”的概念，并专门推出了一个包含15家参展企业的“工业4.0”之旅。

德国提出工业4.0有三大背景。

一是全球制造业竞争加剧，德国需要新的战略制高点。虽然德国有着雄厚的制造业基础，在金融危机中保持了“一枝独秀”，但由于出口相对萎缩，经济发展也逐渐呈现疲态。德国在工业尤其是在制造业领域面临“双重挤压”：一方面，美国、欧盟、日本、韩国等国纷纷实施制造业回归战略，凭借其在信息通讯技术领域的优势，美国正在推进以工业互联网为核心的“再工业化”，美国互联网以及ICT巨头与传统制造业领导厂商携手成立工业互联网联盟，进行一系列前瞻性布局；另一方面，中国等发展中国家在中低端甚至部分高端领域开始抢夺德国市场。作为世界领先的制造设备供应商，德国需要发掘新形式工业化的潜力，以与其独特的地位相匹配。

二是新一轮工业革命兴起，制造业发展迎来新的机遇。当前全球正出现以信息网络、智能制造、新能源和新材料为代表的新一轮技术创新浪潮，对产业发展产生了日益深刻的影响，引发新一轮工业革命的开端，其核心是信息网络技术的应用。信息网络技术和制造业的融合，使得智能制造成为制造业的必然发展趋势。高端制造业的竞争日益激烈，谁抢占了新工业革命的制高点谁就掌控了未来。装备制造业是德国最具优势的产业，面对全球智能制造带来的机遇，德国要把握信息通信技术与装备制造业融合的趋势，确保全球智能制造产业“领先的供应商”地位。

三是德国发挥传统制造业优势，弥补信息技术领域的不利局面。软件与互联网技术是德国工业的相对弱项。德国联邦工业协会（BDI）主席指出，“欧洲企业占全球通信和信息技术市场份额不到10%，德国错失了成为该领域世界领头羊的机会。”美国涌现了Google、Amazon 等跨界融合企业，正在大力研究人工智能技术，探索无人机以及无人驾驶汽车技术。可以说，在工业信息化方面，美国硅谷代表了一个完整的企业创新生态系统，而未来如果德国的工业和制造业不能弥补制造技术与信息互联技术对接的能力差距，德国工业的领先地位将可能被动摇。

德国拥有雄厚的工业基础，制造业尤其是装备制造业在全球处于领先地位，戴姆勒、宝马、大众、博世、西门子等一系列工业巨头铸造了德国经济的“钢筋铁骨”。德国每 10 家机械设备制造企业中就有 6 家生产高端机械产品，而在中小企业中前 100 名就有 22 家是机械和设备制造商。德国在嵌入式系统和自动化工程方面有很高的技术水平，比如 ICT 技术已经支撑了德国 90% 的工业制造过程。德国的企业资源管理（ERP）、制造执行系统（MES）、产品生命周期管理（PLM）、可编程控制器（PLC）等核心工业软件处于全球领导地位；一批德国企业在汽车电子、机械电子、机床电子、医疗电子等领域引领全球发展；德国工业在基础材料、基础工艺、基础装备、基础元器件核心技术领域一直处于全球领先地位，其在创新性制造技术领域的研究、开发和生产，以及复杂工业过程管理的领先性无人能比。

在此背景下，为继续保持德国在全球制造业的领先地位，面对新一轮技术革命的机遇与挑战，德国提出“工业 4.0”战略，扬长避短，突出德国的工业优势，避开其在互联网信息技术领域的不利局面，提出发展智能制造和智能工厂。同时，德国包括政府在内的社会各界大力推广“工业 4.0”战略，目的就是先声夺人或先发制人，加快抢夺话语权，以在新一轮技术革命中取得制高点优势。

2. 德国工业4.0的双重战略

基于新一代智能装备的生产组织方式将广泛普及，其背后是庞大的、快速成长的智能装备市场。德国联邦教研部与联邦经济技术部在 2013 年发布的报告中指出，德国出台“工业 4.0”战略，目标有两个，又称双重战略：一是在德国境内推行信息物理系统（CPS），提高制造业的生产效率；二是在全球范围内输出信息物理系统产品及技术，保持德国装备制造业在全球范围内的继续领先。

二　德国工业4.0的未来愿景

德国《明镜》周刊报道指出，德国“工业 4.0”战略发出了革命性的三大讯号。首先，未来企业竞争的秘诀在于提高生产率，缩短产品周期，以及大规模的个性化定制；其次，计算机仿真模拟广泛用于生产程序，先在虚拟世界中进行生产的分析与优化，再应用于现实生产，以提高效率和降低成本；再次，未来智能机器人等智能设备将代替人类的大部分工作，人类将从常规性工作中解放出来，关注创新与决策领域。此外，“工业 4.0”中产生的大量工业数据也将创造崭新的商业模式和产业形态。

从微观到宏观，德国“工业 4.0”可分为四个层面。

第一层面：智能设备互联组成智能生产线。在工业 4.0 中，制造机械、机器人、输送机、仓储系统、生产设施等制造资源将装备传感器以直接感受、捕获周围的环境，还可以借助执行器直接执行指令，在不同情况下能自我管理、自我配置、自我优化。当特定的生产材料需要补给时，机器可以进行思考，并自主地对此做出反应，把这补给需求传送到下一个系统，下一个系统可以完全自动地进行补给预订。通过优秀的程序化控制，一个系统能够独立地对外界条件做出反应，做到“自适应”。产品和生产设备之间能够通信，使得产品能理解制造的细节以及自己将被如何使用并协助生产过程，进行半自主生产。

第二层面：智能生产线互联组成智能工厂。“工业 4.0”将利用物联网与服务网把不同的智能生产线连接起来，使工厂内部成为一个生产整体。工厂内部通过采用信息物理系统，实现从产品设计、研发、计划、工艺到生产、服务的全价值链的数字化，在企业内部实现信息流、资金流和物流所有环节信息的无缝链接。智能工厂可以把客户的特定需求和产品的独特要素融入研发、设计、生产、售后服务、维修阶段，它甚至可以在制造开始前一分钟或制造进行中提出改变的请求。在操作层面上，由 RFID、传感器和智能感应器创造技术条件，以实现机器、设备、产品和配件之间的通讯，这个过程中会产生大量的数据，企业根据相关的模式在海量数据中挖掘有用信息。制造业将从单纯的围绕产品制造的产销模式，向基于大数据分析与应用基础上的智能制造模式转变。智能工厂将使不断复杂的制造流程便于管理，并能同时确保生产过程的吸引力、生产效益以及工厂在市区环境的可持续发展。

第三层面：智能工厂互联组成智能制造系统。工业 4.0 代表着一种网络化、跨越工厂界限的工业生产。工业 4.0 还意味着不同行业相互智能协作，并优化价值创造链和工业流程。工厂资源计划系统（ERP）、制造执行系统、包含工厂和供应链实时信息的数据库、顾客和产品之间的紧密联系让智能制造系统的生产形式得以实现。智能工厂通过信息物理系统互联，即实现横向集成，是通过价值链以及信息网络实现资源整合和无缝合作，提供实时产品与服务，推动智能工厂之间研产供销、经营管理与生产控制、业务与财务全流程的无缝衔接和综合集成，实现产品开发、生产制造、经营管理等在不同工厂间的信息共享和业务协同。信息物理生产系统是由很多个独立的信息物理系统集合成的一个更大的生产系统，特点是系统内部连接程度很高，是一个独立的智能制造系统。企业能以信息物理系统的形式建立全球网络。异地分布的智能设备既能协作生产，又能各自快速地对外部指令做出反应，形成柔性生产、个性定制的产品与服务生产模式。

第四层面：智能互联的世界。在一个“智能互联的世界”中，物联网和服务互联网的影响将遍布各个关键领域。这一转变将导致智能工厂、智能家居、智能建筑、智能移动、智能物流、智能医疗、智能电网等的出现。在制造领域中，端到端工程的垂直网络，以及囊括越来越多智能产品和系统的整个价值链的平行整合，将引领进入工业化的第四阶段——“工业 4.0”。

三　工业4.0为德国带来的机遇

“工业 4.0”平台科学咨询委员会从三个维度、17 个方向描述了工业 4.0 的走向以及为德国带来的机遇[①]。

1. 人

（1）未来将建立以人为导向的工作组织结构，实现自我组织和自治。同时，建立符合年龄和衰老程度的工作结构也指日可待。

（2）工业 4.0 是一种技术系统，它为我们扩充了员工工作的多

① 《我们的产品所面临的新机会——工业 4.0 平台的科学咨询委员会提出的 17 个论点》，工业 4.0 平台网站。

样性，需要提高员工的素质以及作用范围，并改善他们获得知识的途径。

（3）学习工具和交流式的工作形式提高了教学和学习的效率，同时培训内容中的信息技术技能的比重越来越高。

（4）学习见证人（一种方便使用的促进学习的工具）可以自动为使用者展示它的功能。

2. 技术

（5）对于使用者来说，工业 4.0 系统便于理解，操作直观，同时又可以促进学习，反应可靠。

（6）向所有人开放的解决方案模型允许参与者拟定、实现并运用工业 4.0 系统。

（7）系统的组合性造就了产品和商业流程的联网和定制化，这种组合性通过建模、模拟和自我组织得到管理控制。

（8）人们可以持续不断地规划、实施、监控以及优化资源效率和资源经济效益。

（9）智能产品是积极的信息载体，它可以在所有的生命周期阶段被定位和识别。

（10）生产工具中的系统组件也可以被定位和识别，它能辅助虚拟规划生产系统和流程。

（11）新的系统组件拥有被替代组件的所有功能，并且能兼容被替代组件的功能。

（12）系统组件的功能性被当做一种服务，可供其他人使用。

（13）一种新的安全文化造就了可靠的、适应性强的、为社会所接受的工业 4.0 系统。

3. 组织

（14）新建立的增值价值创造网整合了产品、生产和服务，并实现了工作分工的多样性。

（15）协作和竞争造就了企业管理和法律上的新结构。

（16）系统结构和商业流程在目前的法律框架下是可以被复制模仿的；新的法律解决方式造就了新的契约模型。

（17）实现全球各地分布式生产成为可能。

四 德国工业4.0的推进体系和路径

1. 推进体系

德国工业4.0是一个国家层面的战略。为实现其双重的战略目标，德国可谓“举全国之力”。在战略推进中，政府、协会、企业、研究机构各司其职，互相联动。德国工业4.0主要由商业先锋和企业来推行，但它的重要性以及所产生的经济影响则要求德国政府在教育、研究、基础设施和法律法规等方面提出政策。

（1）联邦政府高度重视

德国联邦政府对工业4.0极其重视，在《高技术战略2020》中把工业4.0列为十大未来项目之一，并将其上升为国家战略，以支持工业领域新一代革命性技术的研发与创新，投入金额2亿欧元。同时，安排联邦政府经济和能源部、教育和研究部全面负责工业4.0战略的实施，把工业4.0作为研发和产业化项目支持的优先领域。2013年德国新政府成立时，将交通部改为交通和数字基础设施部，强化网络基础设施建设。德国总理默克尔是工业4.0战略的超级推销员，她把工业4.0作为大国外交合作的重要议题。根据《中德合作行动纲要》，我国工业和信息化部、科技部将和德国经济和能源部、教育和研究部建立工业4.0对话，搭建沟通平台，以实现两国企业自愿、平等的互利合作。

（2）各州政府积极推进

德国各州政府也在想方设法积极推进工业4.0，争取成为先驱或示范。以德国巴登符腾堡州为例，该州成立了工业 4.0 核心团队，由来自企业、协会、研究机构和工会的 20 名代表组成。这个核心团队为本州工业 4.0 的实践活动制定“总体规划”，拟定具体项目，并计划于 2015 年春季正式建立一个更大的工业 4.0 联盟。德国财政经济部部长尼尔斯称，希望巴登符腾堡州能够作为工业 4.0 的先驱，成为工业 4.0 的主要供应商和市场。此外，德国多个州政府不断完善创新集群政策和中小企业创新政策，围绕帮助中小企业全方位参与工业 4.0，整合政府、协会、院所以及大企业资源，组织开展专题咨询、技术支持等全方位服务。

（3）行业协会组织实施

德国的行业协会具有较强的动员能力和组织能力。德国机械设备制造业联合会（VDMA），信息技术、通讯与新媒体协会（BITKOM），电子电气制造商协会（ZVEI）与相关企业于 2012 年 1 月成立“工业 4.0”跨界研究工作组，2012 年 10 月提交“工业 4.0”建议初稿。2013 年 4 月，这三个协会设立“工业 4.0”平台并向德国政府提交了平台工作组的最终报告《保障德国制造业的未来——关于实施工业 4.0 战略的建议》，同时开设门户网站，全面负责工业 4.0 的推广普及工作。这也是德国推进工业 4.0 的重要组织保障。

德国“工业 4.0”平台主要由项目组委会负责组织实施，组委会由董事会、指导委员会、科学咨询委员会、秘书处办公室、业务工作组等 5 个机构组成。董事会负责制定“工业 4.0”的发展战略以及组织支持实现战略所必需的媒体宣传、政治活动等。指导委员会负责设定合作目标，考核“工业 4.0”的执行效果，该委员会有 17 名成员。科学咨询委员会负责对与“工业 4.0”密切相关的科学研究的问题进行规划与指导。秘书处办公室负责组织、协调“工业 4.0”的各项日常活动，负责对外发布“工业 4.0”的主要进展，接受来自商业、政治和媒体等各方面的采访和洽谈。业务工作组负责“工业 4.0”的标准化、工作设计和组织、安全性研究和法律框架等方面的工作。

(4) 企业积极参与

“工业4.0”可以全方位提升德国工业界的整体实力，对于整个制造产业链将产生颠覆性的变革，除了提升大企业的竞争力外，还可以动员和吸引大量工业制造产业链上的中小企业参与，成为智能工厂生产技术的参与者、开发者、使用者和受益者，因此德国企业参与实施“全民项目”工业4.0的积极性普遍较高。根据三大协会的调查结果，47%的公司已参加到工业4.0战略中，18%的公司正参与4.0战略的研究工作，12%的公司已把工业4.0战略付诸实践，工业4.0作为一种国家战略正嵌入企业发展战略中。德国机械设备制造业联合会（VDMA），信息技术、通讯与新媒体协会（BITKOM），电子电气制造商协会（ZVEI）的很多会员企业都积极参与到该项目中，主要包括博世、FESTO、SAP、蒂森克虏伯、大众汽车、西门子及ABB、IBM德国公司等。西门子公司已经将这一概念引入其工业软件开发和生产控制系统。

(5) 研究机构加快研究

当前，德国联邦政府和州政府的研究所以及大学已参与到了工业4.0的技术开发、标准制订和人才培养体系，成为工业4.0战略实施的一支重要力量，包括德国人工智能研究中心、国家科学与工程院、弗劳恩霍夫研究所、凯泽斯劳滕大学、隆德大学、慕尼黑大学等。

2. 推进路径

2011年德国汉诺威工业博览会上，德国相关协会提出“工业4.0”的初步概念。随后，德国将“工业4.0”纳入《高技术战略2020》，将其列为德国十大未来高技术项目之一，德国联邦政府为此投入达2亿欧元。

2012年1月，德国机械设备制造业联合会（VDMA），信息技术、通讯与新媒体协会（BITKOM），电子电气制造商协会（ZVEI）

与相关企业成立“工业 4.0”跨界研究工作组。2012 年 10 月 2 日，工作组递交《未来项目“工业 4.0”的落实建议》。

2013 年德国汉诺威工业博览会上，“工业 4.0”工作组发表最终报告《保障德国制造业的未来——关于实施工业 4.0 战略的建议》，德国政府正式提出“工业 4.0”战略。2013 年 12 月，德国电气电子和信息技术协会发表全球首份“工业 4.0”标准化路线图，为“工业 4.0”行业标准制定提供了概览和规划基础。

2014 年 4 月，由来自 17 个成员单位的专家组成的“工业 4.0”科学咨询委员会发布了白皮书，对“工业 4.0”相关的技术术语给出了严格的定义，以帮助外界理解和应用“工业 4.0”的核心理念。

五　德国工业4.0的行动方案

根据工业 4.0 工作组最终报告《保障德国制造业的未来——关于实施工业 4.0 战略的建议》[①]，实施工业 4.0 将采取的八项行动内容如下。

一是标准化和参考架构：“工业 4.0”会涉及联网，随着工厂内部和工厂之间的很多事物和服务连接起来，通信手段及数据格式等必须制定标准。只有开发出一揽子共同标准，所有参与者明确怎样接发单一系统数据时，才能建立起一个统一的集成式平台。由此，需要一个参考架构来描述这些标准，并促进它们的实现。信息物理系统是“工业 4.0”的核心标准化对象，直接决定标准化工作的成败。

二是复杂系统的管理：日益复杂的生产和制造系统需要适当的计划模型和解释性模型来为复杂系统的管理提供基础。2014 年 4 月，

① 工业和信息化部国际经济技术合作中心编译《保障德国制造业的未来——关于实施工业 4.0 战略的建议》，2013 年 10 月。

“工业 4.0”科学咨询委员会发布了白皮书，确定了“工业 4.0”的12 个重点研究领域，如与智能工厂相关的信息物理融合系统的运用方式、工具的开发、自律生产系统、基于人工智能系统和智能传感器的生产管理及自律控制系统等。

三是综合的工业宽带基础设施：“工业 4.0”的实施需要高质量的综合通讯网络。无论是德国境内还是在德国与其他国家之间，都需要进一步大规模拓展宽带网络基础设施，以建设简便、易扩展、安全、有效和价格合理的网络，为工业 4.0 提供相应的网络带宽和容量。

四是安全和安保：在智能制造系统的应用中，安全和安保至关重要。首先，要确保生产设施和产品本身对人或者环境不造成任何危险。其次，生产设施和产品特别是它们所包含的数据和信息，要确保不会被滥用，禁止未经授权的访问，避免病毒传播或大范围网络攻击。在转移到工业 4.0 时，安全问题很容易成为瓶颈，因此一开始就要把安全作为工业 4.0 中研究和创新挑战的一部分，并为工业 4.0 建立自己的安全行业。

五是工作的组织和设计：工业企业结构的形成要花费数年或数十年的时间，由此产生了等级分层和责任。这种组织架构一般极少发生根本性变动，即使发生也通常只在个别部门。在工业 4.0 架构中，许多部门需要调整现有结构，因此必须发展跨部门的平台，而其障碍是传统的组织间的隔离及专业的领导。在智能工厂中，员工的工作内容、工作流程和工作环境也将发生明显变化。

六是培训和持续的职业发展：工业 4.0 将从根本上改变人们的工作和专业能力。在智能工厂中，员工已从服务者转换成主控者、协调者。未来的生产需要员工作为决策和优化过程中的执行者。员工将承担如设计、安装、改装、保养以及对信息物理融合系统和新型网络组件维护的工作，且进一步对生产设备模式、框架结构和规章条款进行优化；既能利用信息技术令仿真程序运转，又能对替代方案进行评估。

七是监管框架：新技术的破坏性本质，以及它们对法律问题的影响可能对现行立法的执行构成威胁。在工业4.0下建立新的制造流程和横向业务网络架构时，必须遵守法律；而现有法律也同样应在需要时，考虑到创新的影响而进行调整。面临的挑战包括保护企业数据（业务数据、商业机密）、保密责任、保护个人数据、贸易壁垒等。工业4.0面临技术和规则的结合，需要跨学科的研究。法律专家应在研发的初始阶段尽早介入，同样，工程师需要对法律问题有一个基本的理解，以便他们能与法律专家进行全面对话交流。

八是资源效率：工业4.0将带来资源生产力和效率的提高。对企业来说，权衡“需要投资在智能工厂中的额外资源”与“带来的潜在节约”之间的利弊非常必要。

六　德国工业4.0相关标准的制定

德国是一个高度重视标准建设的国家，认为标准具有掌控科技、掌控产业发展方向的能力。德国三大协会调查结果表明，数据的标准化是工业4.0面临的最大挑战。为了顺利实现向工业4.0的转化，德国“工业4.0”工作组把标准化排在八项行动的第一位，足以说明德国人对于“标准先行”的认可。德国“工业4.0”中的标准化战略显示出“标准先行”的鲜明模式特征，即在研发先进技术的同时，标准化建设工作同步甚至超前进行，以便为产业发展勾勒出整体框架。

1. 标准的制定机制

“工业4.0”的标准化不仅涉及硬件标准的统一，还涉及软件标准、数据标准的统一，需要机械、加工制造、自动化工程和软件等多领域的企业协作且统一标准。标准化工作主要围绕智能工厂生态链上各个环节制定合作机制，确定哪些信息可用于交换。因此，工业 4.0 将制定一系列共同标准，使跨领域、跨地区、跨企业的合作机制成为可能，并通过一系列标准对生产流程进行优化。

从目前的标准情况来看，有一些既定的标准已经在各种技术学科、专业协会和工作组中使用，但是还缺乏对于这些标准的协调，需要将现有标准纳入一个新的全球参考体系。

德国相关协会的标准化机构组织成立独立“工业 4.0”标准工作组开展标准化工作。首先，由德国电气电子信息技术协会（VDE）和电工委员会（DKE）牵头建立联合工作机制；其次，整合关键术语，制定通用的“工业 4.0”词汇；再次，制定一个自下而上的标准地图，对现有标准化机构的工作进行总结，即自动化和信息技术的现有标准化状况，作为开展具体标准化工作的依据；制定标准化的方式要基于多个现有机械、加工制造行业的案例。最后，成立由博世、菲利克斯等公司组成的“工业 4.0”社区，共同承担参考模型的技术实现，并选择合适的许可模式。

《德国工业 4.0 标准路线图》认为，“工业 4.0”标准化过程中需要充分发挥标准化协会、标准化联盟以及标准化委员会等各类组织的作用，统筹协调推进单一解决方案和完整解决方案的标准化工作，并实现国际化。

2. 标准的内容

《德国工业 4.0 标准路线图》提出“工业 4.0”标准化工作的十二个重点领域：一是参考结构，二是用例，三是术语与模型，四是技术流程，五是仪器和控制系统，六是服务流程，七是人机交互技术，八是开发流程，九是非功能要求，十是工程和建设，十一是标准库，十二是知识库。

德国工业 4.0 平台（Platform – i 4.0）、电气电子信息技术协会（VDE）和电工委员会（DKE）以及相关企业联合组成跨行业、跨领域的工作组，加快标准化路线图的实施，当前重点工作是加快工业4.0参考结构、术语及急需标准的制订。

工业4.0的价值网由众多商业模式迥异的企业所组成，需要对这些不同的解决方案进行分析，制定一个统一且适用面广的解决方案，即“参考结构”。“参考结构”是适用于所有合作企业产品和服务的、最常规的解决方案，为架构、部署、整合和执行工业4.0相关的技术系统提供了工作框架，也被应用于软件服务和软件应用框架中。工业4.0需要机械、加工制造、自动化工程和软件各领域的企业进行协作，因此要在这些企业间统一术语。

要实现工业4.0的愿景，系统在运行时要十分灵活地与其他系统连接，要适应它的环境和合作伙伴，系统在运行期内不时进行相互整合和配置的动态修改，才能共同完成一项任务。目前还没有相关的技术标准，相反，系统灵活重新配置等一些重要技术是被明确禁止的。例如，IEC 61508标准中与软件相关的第三部分明确规定，一个系统在得到许可之前，已经完全开发配置好了，系统运行时的变动是被禁止的。工业4.0的实施，需要制定允许系统灵活配置的相关标准。

七　德国企业如何实践工业4.0

目前，“工业4.0”战略已经得到德国科研机构和产业界的认同，各利益相关主体，特别是工业化水平高、复杂管理需求大的龙头企业更是积极响应，已有100多家科研院所及企业积极参与并紧密合作。弗劳恩霍夫协会在其下属6~7个生产领域的研究所引入“工业4.0”概念。在2014年汉诺威工博会上展示了由全球十家企业联合研发的首个“工业4.0”演示系统，表明“工业4.0”正从概念走向现实。

西门子：西门子安贝格电子制造厂被誉为德国“工业4.0”的模范工厂，拥有欧洲最先进的数字化生产平台，主要生产可编程逻辑控制器（PLC）和其他工业自动化产品。2013 年 9 月西门子在中国成都成立生产研发基地（SEWC），这是继西门子德国安贝格、美国凤凰城之后的全球第三个工业自动化产品研发中心，是数字化企业中的典范。

SAP 公司：根据“工业 4.0”概念提出装备制造业整体解决方案 Idea to Performance，助力打造精益制造一流工厂。SAP 还布局了 Cloud（云）+HANA 系统的战略，以适应高速带宽和移动互联网时代的企业商务运作。

宝马集团：推进虚拟智能科技与传统制造业的融合，在兰茨胡特工厂新近投入使用的保险杠检测设备，展现了虚拟科技已经可以与真实世界完美融合，进行日常的生产作业。

费斯托：作为参与德国“工业 4.0”发展战略的重要企业成员，费斯托从全方位、跨学科的角度对未来工业发展进行研究探索，主要关注 3 个方面：技术研发、人机合作、人员培训。

此外，德国还有多家企业在实施“工业 4.0”。德国汇聚西门子、通快、博世、德国电信等企业及数十家高校和科研机构，已初步在斯图加特、达姆施塔特及东威斯特法轮等地形成了具备一定规模的“工业 4.0”产业集群。

德国弗劳恩霍夫制造技术与自动化研究所（Fraunhofer IPA）正在开展研究项目“巴登符腾堡州的工业 4.0”，旨在为企业走向智能生产提供有价值的帮助和行动建议。巴登符腾堡州的经济拥有开发智能制造的较多潜力。该州多个行业处于领先地位，如带有自动化技术和机电一体化技术的机械设备制造业，用于工业用途的信息通讯技术，以及汽车制造业。德国弗劳恩霍夫制造技术与自动化研究所在“巴登符腾堡州的工业 4.0”研究项目的框架下，在工业 4.0 相关主题领域鉴定出了 150 个主要的参与者。

通向“工业 4.0”将是一个渐进的过程，发展的速度在不同领域、不同公司不尽相同。德国也是先在工业化水平高、复杂管理需求大的企业开始推进的，通过建立示范项目，尽快向市场推出新产品。德国专家认为，德国现在总体处于3.0水平，个别企业比如西门子达到了3.5以上，但整体实现4.0需要10~15年的时间。

德国许多中小企业还没有准备好应对工业4.0带来的结构变化，究其原因，或许是它们缺乏必要的专业性人才，或许是它们对还不熟悉的技术战略持有怀疑态度。使中小企业融入全球价值网络的一个关键战略是设计并且执行一个全面的知识和技术转移倡议。例如：通过大型工业网络的实验性应用和最佳实践，可以增强价值链网络的可视化程度，使价值链网络方法、其他组织工具和领先供应商的技术在中小企业得到进一步应用。这样做可以消除障碍，使中小企业了解物理网络系统，并在它们自己的业务中应用物理网络系统。

八　对我国两化融合的启示

当前，我国制造业正面临着前所未有的挑战，受到高端制造业向发达国家回流、低端制造业向低成本国家转移的双重挤压，学习和借鉴工业4.0的理念具有重要的现实意义。

1. 对比分析

德国工业4.0和我国两化融合存在以下相同之处。

（1）两个战略提出的背景都是新一轮工业革命兴起

金融危机以来，美国、欧洲和日本等发达国家重新认识到实体经济尤其是制造业的重要性，纷纷推行“再工业化”战略，积极抢占先进制造业制高点。以信息网络技术与制造业深度融合为核心的新一轮工业革命正在加速孕育，高端制造业全球竞争变得愈加激烈。美国相继启动《先进制造业伙伴计划》和《先进制造业国家战略计划》以及建立15个制造业创新中心计划；法国推出《新工业法国战略》，旨在通过创新重塑工业实力；英国发布《制造的未来：英国的机遇和挑战新时代》，重视制造领域的价值创造；日本制定《制造业白皮书》大力调整制造业结构。在此背景下，德国“工业4.0”战略旨在寻求制造业的智能化转型。

我国在党的十七大报告中提出，“大力推进信息化与工业化融合，促进工业由大变强”。当时，我国工业化发展取得了举世瞩目的成就，但总体仍处于中期阶段，面临出口持续下降、内需萎靡不振、人力成本急速上升、用工荒不断蔓延等问题，亟须抢抓新一轮信息通信技术带来的世界范围内产业格局调整的重大机遇，实现经济的转型升级。同时，2008年下半年以来，随着国际金融危机的深化和蔓延，我国工业也经历了前所未有的冲击和考验，不少企业出现生产经营困难、亏损甚至倒闭的现象，但仍有更多企业在行业整体下滑时还保持了较高的市场占有率，其重要原因之一就是这些企业不断深化信息技术应用，具备了较强的市场竞争实力。在此背景下，我国提出两化融合战略，以实现经济的转型升级。

（2）两个战略均以集成互联为主要关注点

集成是德国工业4.0的关键词，包括智能工厂的纵向集成、横向集成、端到端集成。同时，德国工业4.0战略有四个层面：第一层面，智能设备互联组成智能生产线；第二层面，智能生产线互联组成智能工厂；第三层面，智能工厂互联组成智能制造系统；第四层面，智能互联的世界。

《工业企业信息化和工业化融合评估规范》国家标准（GB/T23020-2013）中，将我国企业两化融合分为四个阶段：起步建设、单项覆盖、集成提升和创新突破。全国3万多家企业的两化融合评估结果表明，我国大部分企业仍处于单项覆盖阶段，从单项覆盖向集成提升的跨越面临智能装备集成薄弱、流程管理缺位、组织机构僵化、数据开发能力不足等挑战，企业两化融合面临集成应用跨越困境。两化融合重点难点在集成、要取得显著成效也在集成，引导企业向综合集成跨越成为当前推进两化融合的着力点和突破点。从产品、企业管理和价值链三个维度，《评估规范》涉及了产品设计与生产制造集成（缩短设计周期和生产准备时间）、管理与控制集成（提高企业精细化管理水平）、产供销集成（促进企业内部供应链一体化运作）、财务与业务集成（强化成本和财务风险管控）、决策支持（提升高层科学决策能力）等方面，同时在协同与创新方面，也提出了跨企业间的高度协同的要求。我国的两化整合，无论是企业内部跨部门、跨业务环节的业务综合和集成应用还是跨企业的业务协同与创新能力提升，都与德国工业 4.0 相类似。

（3）两个战略的实施都采取了多方力量协同推进的模式

在德国工业 4.0 的实施推进中，联邦政府、联邦议会、各州政府、行业协会、重点企业、研究机构都参与其中，各司其职，协同互动，形成由商业先锋和企业主推、德国政府支持的推进局面，可谓“举全国之力”，其中西门子等大企业的示范作用至关重要。德国推进工业 4.0，是先在工业化水平高、复杂管理需求大的企业开始推进的，希望通过建立示范项目，尽快向市场推出新产品，并带动中小企业的发展。

在我国两化融合的实施推进中，形成了政府部门自上而下推进、专家团队出谋划策、第三方机构在政府指导下“推波助澜”、企业理解实施的协同推进局面。我国推进两化融合的政府部门主要是工业和信息化部以及地方工信主管部门。国家信息化专家咨询委员会（专家委）是推动我国信息化的一支重要思想力量。政府指导下的第三方机构是我国自上而下推进两化融合的重要组织保障，同时各地方推进两化融合时，还整合了一批重点企业、高等院校、研究院所、软硬件服务提供商、咨询服务提供商等力量共同推进。目前我国正通过两化融合水平评估树立一批示范企业；通过两化融合管理体系贯标企业试点，总结和推广试点经验。这两点和工业 4.0 都存在“以点带面”的相通之处。

（4）两个战略均明确了智能制造这一主攻方向

无论是德国工业 4.0 还是我国的两化融合，其最终目标都是实现智能制造。工业 4.0 的核心是“智能制造、智能工厂”，这在战略中非常明显、非常突出，浓墨重彩。德国工业 4.0 以信息物理系统为核心基础，通过互联网整合人、设备和系统等制造要素，建立起支持协作工业流程、智能工厂、智能产品生命周期等的业务网络。

两化融合战略要解决我国经济发展面临的诸多问题，要改造提升传统制造业，积极培育战略性新兴产业，加快发展生产性服务业，内容丰富，涉及面广，但重心落在工业上。我国在多年以前就已经开始关注智能制造，早在 2011 年发布的《关于加快推进信息化与工业化深度融合的若干意见》中就提到，“把智能发展作为信息化与工业化融合长期努力的方向”。在《信息化和工业化深度融合专项行动计划（2013～2018 年）》的“八项行动”中，也有三项行动和智能制造相关。2012 年工信部发布的《高端装备制造业“十二五”发展规划》中就已经明确将《智能制造装备产业“十二五”规划》列为两个子规划之一，提出到 2020 年，要将智能制造装备产业培育成为具有国际竞争力的先导产业。《规划》对智能制造的定义更多停留在以新型传感器、智能控制系统、工业机器人、自动化成套生产线的层面，其理念和方向与德国工业 4.0 是基本一致的。

随着德国工业 4.0 的提出、中德双方签订《中德合作行动纲要：共塑创新》，以及两化深度融合实践的开展，两化融合的概念和内涵也不断演进，智能制造在两化融合的理论体系中也愈加重要。目前我国政府、产业界、学术界均高度重视智能制造，正在拟定的《中国制造 2025》将成为以两化融合为主线的制造业中长期发展战略，智能制造将被提到前所未有的高度。

德国工业 4.0 和我国两化融合存在以下不同之处。

（1）两个战略基于的国情不同

从经济社会发展进程看，德国是在工业化完成后进入信息化的，而我国是在工业化还没有完成的阶段迎来了信息化发展浪潮，使得我国工业化进程必须与信息化同时开展，走中国特色新型工业化发展之路。德国工业以中小企业为主，发展水平较高且均衡，普遍实现了自动化。德国制造业的优势在于很多中小企业是“隐形冠军”，这些企业在各自的细分行业中都拥有绝对优势。德国专家认为，德国现在总体处于工业 3.0 水平，个别企业比如西门子达到了 3.5 以上，但整体实现 4.0 需要 10～15 年的时间。

我国目前工业化尚未完成，亟待通过信息化实现工业的跨越式发展。工业化基础薄弱使得我国企业在推进两化融合过程中面临着一些共性的问题和挑战，具体包括：一是装备化基础薄弱。设备自动化、信息化平均水平低，设计、工艺、制造、管理等知识经验沉淀不足，尚未实现研发、生产、管理的装备化。二是流程管理缺位。我国企业缺乏良好的流程管理意识，流程动态信息难以采集，流程的优化重组及固化较难实现。三是企业管理与信息化两张皮。过度追求信息技术的先进性，不重视建立企业现代化、规范化的管理基础，旧管理体制、思维和模式难以支撑信息化成效的发挥。四是信息化环境下企业关键能力不足。要求企业从可持续发展的全局层面，按照战略和竞争优势的需求，快速形成信息化环境下的新型能力，难度还比较大。

（2）两个战略发展的诉求不同

两国在全球制造业产业链上的位置不同，导致竞争的目标、竞争的诉求点不同。德国提出工业 4.0，除了应对资源和能效、人口结构的变化外，最主要是因为其制造业面临“双重挤压”，特别是来自美国、日本等制造业发达国家的竞争，为确保其制造业的全球领先地位，德国把几百年工业发展的历史与现代信息技术趋势进行集成，提出工业 4.0，并成功地把它推销成德国制造的新品牌、新名片、新标签。德国制造业与美国、日本制造业都有一个目标，就是争取国际分工体系的高端，占领利润大的前端。德国的汽车、机械、医疗设备都是世界级产品，具有高技术、高利润、高回报率等特征。德国希望通过工业 4.0，引领下一轮的全球工业革命，在领先的前提下加速前进，保持绝对的竞争优势。我国当前的制造业仍处于附加值低、创新能力弱、结构不合理的产业链中端，在国际分工体系中扮演以加工、组装为主的角色。我国希望通过实施两化融合，抢占制造业中端、高端市场，甚至实现弯道超越，在高端智能制造领域占据有利位置。

（3）两个战略的主要推力不同

从 2011 年到 2014 年，工业 4.0 的提出大概经历了 3 年的时间，其推进路径可以概括为：德国相关协会提出工业 4.0 的概念后，充分发挥其作为桥梁和纽带的优势，往上积极争取德国政府的支持，并提供行动方案建议，力推工业 4.0 上升为国家战略；往下通过工业 4.0 平台，鼓励企业提供智能制造技术和产品服务包，鼓励制造企业投资采用智能制造技术，组织企业参与 CPS 标准的制定。

从 2007 年到 2014 年，两化融合的提出大概有 7 年的时间，其推进路径可以概括为：党的十七大提出两化融合战略后，进行大部制改革成立工业和信息化部，通过地方工信主管部门、第三方机构、行业协会、国有企业等渠道，自上而下形成两化融合推进网络。从 2009 年到 2013 年，工信部牵头组织开展大规模的两化融合水平评估，掌握我国工业信息化现状并形成两化融合的理论体系和指导方针；从 2014 年起，两化融合管理体系的贯标成为新阶段的工作重点，关注的是如何提升工业企业在信息化环境下的可持续发展能力。

从工业 4.0 的推进路径可以发现，德国协会是主要的推进力量，同时还有西门子、博世、大众等企业在积极推进，政府只需要解决共性问题，为工业 4.0 营造良好的发展环境即可，政府基本上只是起到一个“协调人”的角色，主要从政策、项目、预算等宏观层面进行管理。我国实施两化融合的过程中，政府及政府指导下的第三方机构发挥的作用更为显著。两化融合五年专项行动把“企业两化融合管理体系标准建设和推广”、“企业两化深度融合示范推广”列为前两项行动，说明我国政府在两化融合的推进中起到更为重要的引导作用。我国企业信息化水平参差不齐，标杆、领头企业的带动作用更好的发挥也需要加强分级分类，需要各级政府组织社会和市场资源集中攻关，加强试点示范，实现典型引路、合力突破。

（4）保障两个战略有效实施的标准体系侧重点不同

从工业4.0标准化工作的十二个重点领域可以看出，工业4.0的标准制定主要是针对技术相关的，以实现物联网、互联网、服务互联网的智能连接，以及各行业之间标准的协调，目前已成立专门的标准工作组开展标准的制定和协调工作。我国企业在推进两化融合过程中，越来越多的企业认识到，企业新型能力的构建不仅是技术渗透和融合的问题，更是一个优化企业战略、组织、流程、业务模式的管理问题。尤其在突破跨业务部门、跨管理层级的“综合集成”时，更需要从全局出发，实现技术与管理协调发展。因此，未来企业推进两化融合，在整体思路和方式方法上要从关注局部向统筹全局转变，从强调技术向规范管理转变。目前我国已出台《工业企业信息化和工业化融合评估规范》，正在研制和试行《信息化和工业化融合管理体系》等体系标准，其他两化融合标准的研究建设也正在有序推进和完善，将逐步形成涵盖各方面的标准体系。我国当前两化融合标准建设强调我国推进两化融合以获取可持续竞争优势为关注焦点，打造信息化环境下的新型能力，避免技术导向的推进思路。

2. 启示建议

通过对比德国工业4.0和我国两化融合，结合我国现实情况，借鉴工业4.0的成功之处，提出政策建议如下。

（1）抓紧顶层战略设计，重视话语权建设

为了充分发挥德国的传统优势，德国在吸收美国提出的 CPS 概念基础上推陈出新，提出工业 4.0 战略，其目的就是要争夺话语权，为德国的新技术与产品出口创造机会。德国总理默克尔是工业 4.0 战略的超级推销员，把工业 4.0 作为大国外交合作的重要议题。从营销技术角度来说，工业 4.0 是十分高效的概念，传播速度和效果令人诧异。因为它让人想起某种安装数量极大的软件的新发行版，使得制造业这种传统产业，突然变成了以软件、互联网、云计算为代表的信息社会的新事物。工业 4.0 成功地把几百年工业发展的历史与现代信息技术趋势进行了完美的集成，巩固“德国制造”的品牌形象，成为德国制造的新品牌、新名片、新标签，代表着高技术、高品质、高效率。

我国在两化融合方面的相关理论研究成果和两化融合推进的实践经验，包括两化融合评估规范和两化融合管理体系等，在世界范围内均属首创，但两化深度融合的概念还没有提升到争夺全球新一轮技术与产业革命的话语权高度。加强国际交流与合作，推动两化融合评估规范、两化融合管理体系等成为国际标准，是增强两化融合理论和实践成果国际影响力和认可度的关键环节。一方面有利于提升我国制造业形象和国际竞争力，另一方面也可以为其他面临信息化和工业化同步发展的国家提供借鉴，从而为广泛开展国际合作创造条件。

（2）开展 CPS 标准研究，参与智能制造国际标准制定

我国和德国的工业基础不同，实现智能制造的时间长度也不同，不同的起点决定了不同的竞争目标，也决定了现阶段不同的实施内容。但是，有一点我们是可以和德国同步进行的，那就是智能制造标准的制定。当前，国际上 CPS 的标准化工作尚处于起步阶段。开展 CPS 标准化需求研究，及时制定 CPS 术语、参考架构等急需的基础标准，一方面可以从技术层面提出更加明确的发展需求；另一方面，可

以通过国际标准化工作，加强与美国、德国等工业发达国家的合作。作为制造业大国，我国智能装备大市场受国际的影响不容忽视。将来无论我们是进口德国、美国的智能设备、CPS技术和产品，还是自主研发，及时参与国际智能制造标准制定，对我国制造业的发展都大有裨益。

我国在推进两化融合的具体实践中，必须高度重视发挥标准化工作在产业发展中的引领作用，由政府牵头组织行业联盟、行业协会、研究机构和企业共同协商建立统一的行业标准，及时制定出台“两化深度融合”标准化路线图，着重在技术、服务、管理、安全等方面加强标准制定。

（3）增强智能装备和智能产品研发制造，提高自主创新能力

德国推进工业4.0有两大优势：雄厚的工业基础和先进的嵌入式系统。德国的数控机床尤其是大型、重型、精密数控机床，质量及性能良好。德国数控机床主机配套件先进实用，各种功能部件在质量、性能上居世界前列。如西门子公司的数控系统，均为世界闻名，被竞相采用。德国工业机器人的总数占世界第三位，仅次于日本和美国；德国工业机器人的研究和应用在世界上处于领先地位。同时，德国在核心工业软件领域也处于全球领导地位。

我国拥有自主知识产权和自主品牌的技术和产品竞争力不足，很多高端产品领域的核心技术缺失。我国也缺乏具有国际竞争力的大企业集团，龙头企业无论在规模上还是技术创新能力上，与欧美大集团还有差距。如果我国在这些核心技术和核心零部件上无法取得突破，那么就无法独立自主地完成工业升级，这不仅使我国工业升级的成本大大增加，而且我国工业在智能化时代将扮演穿着智能化外衣的打工仔角色，致国家工业处于被动地位，存在着潜在的战略危机。因此，我国发展智能制造，要增强重点行业成套智能装备和重大智能产品的技术突破，提高自主创新能力。推动高档数控机床、工业机器人等智

能装备发展，加快实现重点行业智能制造单元、智能生产线、智能工厂核心技术和产品的自主可控；发展智能汽车、服务机器人等产品，带动制造业产品高端化发展。

（4）前期充分发挥政府引导作用，后期充分发挥企业积极性

在“工业4.0”战略的推进过程中，德国政府特别注意利用西门子等超大型德国企业的技术实力和市场影响力，加快推动CPS技术产品成为未来制造业的“事实标准”。德国不仅重视发挥大企业的龙头作用，更高度强调如何使中小企业能够应用工业4.0的成果来解决“产、学、研、用”互相结合和促进的问题。同时，德国工业4.0战略不仅有传统的大公司西门子、博世、库卡积极参与，也特别注重吸引中小企业参与，力图使中小企业成为新一代智能制造技术的使用者和受益者，同时也成为先进制造技术的创造者和供应者。大企业调动资源推动市场培育和开拓，中小企业和科研机构就更有动力参与到技术创新的队伍中来，政府负责把握顶层规划和方向。这种用市场主导推动新战略和新技术标准实施的方法，值得我们参考。

两化融合推进需要系统性整体推进和持续开展，涉及面广、周期长。这些特点造成不少应用主体缺乏积极性和主动性，在人力、物力投入和组织制度保障方面尚未形成长效机制，推进两化融合过程中盲目性、随意性比较突出。同时，由于我国不同地区、不同行业的企业两化融合水平参差不齐，也缺乏像西门子那样具有国际引领示范水平的大企业，而创新和变革具有较强的先进性、超前性且存在风险，因此需要政府加强引导和推进，广泛开展两化融合试点和示范推广等工作，并建立完善的两化融合第三方咨询服务体系，推动各行业企业深入有效推进两化融合，这在两化融合的前期阶段是必要的。但是，两化融合的深度、广度和实效性在很大程度上取决于企业的积极性、主动性和创造力，所以两化融合的后期推进一定要充分发挥企业主体作用。两化融合不仅是新技术创新和应用，更是商业模式、组织结构等

创新变革，企业需要高度关注投入产出比并以实际效能为准绳和依据。目前可在一些重点领域选择一些积极性高，在两化融合、智能制造方面有深入认识和实际成效的企业作为示范，带动其他企业积极跟进。

综上所述，目前德国工业 4.0 虽然已经描述得比较清晰，但也会随着实践发展而不断演进；我国两化融合的概念和实践呈螺旋式上升的发展态势。随着中德两国在工业 4.0 领域合作的深入，两个战略的实施、两种概念的演进也将不断前行，对工业 4.0 的研究分析和借鉴也将是一个长期动态的过程。我们要以建立中德工业 4.0 对话机制为契机，不断拓展提升两化融合领域国际交流合作的广度和深度，推动我国两化深度融合不断迈上新台阶。

B.11

充分发挥跨国企业作用，促进中美 ICT 贸易平衡发展

周　鹏*

摘　要：近年来，中美 ICT 贸易额增长迅速，为两国信息产业的发展壮大和国家信息化战略的实现提供了有力的支撑。2013 年以来，受多种因素影响，美资跨国 ICT 企业普遍出现经营业绩下滑的问题，亟须调整在华经营策略。中国应当以此为契机，通过政策引导，充分发挥跨国企业作用，促进中美 ICT 贸易平衡发展。

关键词：信息通信技术　中美贸易　贸易逆差　国际分工　跨国企业

一　中美 ICT 贸易发展迅速且差额逐年增加

信息和通信技术（ICT）贸易是中美贸易中比较活跃的部分。自中美建交以来，中美 ICT 贸易发展活跃，贸易额连年增加。据中方统计①，

* 周鹏，管理学博士，工业和信息化部电子科学技术情报研究所国际情报研究室副主任，研究方向为世界智库比较研究、国外信息化与网络安全情报追踪、智慧城市规划设计规范、政府信息资源管理。

① 中方统计是指中国海关统计部门上报联合国统计署的年度商品贸易数据，上报数据均被转换成联合国统计署的统一标准格式，所有商品值按呈报国家的货币汇率或月度市场比率和交易额度转换成美元。

2012 年中美两国 ICT 贸易额达到 1540.9 亿美元，是 1992 年的 118 倍，其增长速度远高于中美贸易的总体增长速度（2012 年中美贸易总额仅为 1992 年的 30 倍）。

中美 ICT 贸易受中美关系和经济周期的影响较小。中美两国的 ICT 产业结构具有很强的互补性，为两国之间的 ICT 贸易关系提供了较大的自由发展空间。尽管近 20 年来中美关系陆续受到了炸馆事件、考克斯报告、次贷危机等政治经济事件的影响，但是中美 ICT 贸易只在 2009 年出现小幅下降（下降 6.63%），1992 ~ 2012 年间的其余年份均保持稳定增长。

表 1　中美 ICT 贸易保持稳定增长

单位：%

年份	ICT 贸易总额环比增长速度	年份	ICT 贸易总额环比增长速度
1993	197.44	2003	38.07
1994	41.80	2004	41.51
1995	23.77	2005	26.67
1996	14.74	2006	26.93
1997	25.63	2007	11.44
1998	31.20	2008	3.77
1999	25.96	2009	-6.63
2000	28.44	2010	27.38
2001	14.71	2011	8.72
2002	27.66	2012	7.54

数据来源：联合国数据库*。

* 联合国数据库由联合国统计署创建，是目前全球最大、最权威的国际商品贸易数据型资源库，每年超过 200 个国家和地区向联合国统计署提供其官方年度商品贸易数据，涵盖全球 99% 的商品交易，真实反映国际商品流动趋势。

外商投资导致中国 ICT 出口膨胀。中美 ICT 贸易中方的出口比重在 1992 ~ 2012 年的 20 年中呈现明显的上升趋势：从 1992 年的 32%，上升到2012年的接近90%。外商投资是中国ICT出口膨胀的主要原因，中国出口贸易中的大量产品来自于以美资为首的外资企业在中国的加工贸易。据统计，20世纪80年代至今，来华投资的外资企业达到66万家（其中美资企业占比超过4%），从事进出口业务的外资企业占比超过9%。这些在华外资企业将超过一半的资金投向制造业，如2006~2009年，外资企业投向制造业的资金多达1666亿美元，占同期外资企业在华投资总额的55.5%。长期大量的制造业投资形成了中国强大的加工贸易能力，使中国成为跨国公司全球贸易体系中的“世界工厂”：大量劳动密集型产品和中低端的ICT技术产品在中国的外资工厂中加工、组装、包装后销往世界各地，中国的ICT出口规模也随之持续膨胀。

表2 中国向美国ICT出口占比逐年上升

单位：美元，%

年份	ICT出口贸易额	出口在ICT贸易总额中的比重
1992	418214672	32.07
1993	2206659752	56.90
1994	3631950876	66.04
1995	4522395900	66.44
1996	5536892223	70.89
1997	7318654613	74.58
1998	9230747035	71.70
1999	10975774757	67.68
2000	14495090357	69.60
2001	15802075520	66.14
2002	23155449041	75.92
2003	35063013437	83.27
2004	50390583891	84.56
2005	65336546406	86.56
2006	82624416410	86.24

续表

年份	ICT 出口贸易额	出口在 ICT 贸易总额中的比重
2007	92856208213	86. 96
2008	96068813150	86. 70
2009	90716734922	87. 68
2010	115619762101	87. 73
2011	128330576448	89. 56
2012	138435694672	89. 84

数据来源：联合国数据库。

在华跨国企业增强进口替代效应。中国在大量出口的同时，进口比重在 1992 ~2012 年的 20 年中却呈现明显的下降趋势，从 1992 年的接近 70% 下降到 2012 年的 10% 。虽然改革开放 30 年来，中国国产 ICT 产品竞争力逐步增强，对进口 ICT 产品产生了一定的替代效应，但是产生这种替代效应的主力是跨国企业而不是本土企业。上世纪 80 年代，中国处于改革开放初期，各行各业对美国的 ICT 先进技术和设备需求量很大，进口贸易额迅速增长。90 年代以后，外资企业在中国的制造能力逐渐形成规模，中美 ICT 贸易的形势随之发生变化：外资企业在中国国内生产的 ICT 产品不需经过海关，直接销往国内市场。在进口替代效应的影响下，中国 ICT 贸易的逆差逐渐减少，进口贸易额增速开始放缓。以液晶显示板为例，2009 年中国液晶显示板贸易逆差净减少 59. 5 亿美元，进口贸易额同比下降 20. 7% ，其主要原因是当年夏普、三星、奇美等跨国公司在国内开工建设了多条第 8 代液晶显示板生产线，降低了国内市场对国外进口液晶面板的依赖，形成了明显的进口替代效应。所以，中美 ICT 贸易进口额逐年走低，只是由于贸易对象的变化（从跨国公司在美国母公司转为在中国的子公司）引起统计数据变化，而中国市场对美国 ICT 技术和产品的依赖并没有发生实质性改变。

表3　中国从美国ICT进口占比逐年下降

单位：美元，%

年份	ICT进口贸易额	进口在ICT贸易总额中的比重
1992	885669363	67.93
1993	1671673655	43.10
1994	1867690738	33.96
1995	2284579096	33.56
1996	2273511842	29.11
1997	2493884744	25.42
1998	3642868897	28.30
1999	5240275376	32.32
2000	6332668315	30.40
2001	8088718785	33.86
2002	7342500681	24.08
2003	7046050047	16.73
2004	9199500477	15.44
2005	10148489729	13.44
2006	13188617379	13.76
2007	13921336703	13.04
2008	14738962752	13.30
2009	12746478048	12.32
2010	16169478651	12.27
2011	14953758954	10.44
2012	15655076522	10.16

数据来源：联合国数据库。

中美ICT商品贸易差额逐年增加。2013年美国对中国的出口额是1990年的38倍，而同期进口额增长却超过96倍，由此带来的是中美两国之间的ICT贸易巨大差额。根据中方统计，从1993～2012年的近20年时间里，中美两国的贸易差额增加了1221.7亿美元，平均每年增加61亿美元。贸易差额的逐年增加是中国改革开放政策和全球经济一体化趋势共同作用的结果。大量的外商投资推动中国 ICT 制造业融入国际产业垂直分工体系，在亚太地区形成了美国提供核心技术、亚洲四小龙等东亚国家提供零配件、中国提供劳动力组装成品、出口欧美市场的跨国协作链条。中国作为整个协作链条的最后一环，实际已成为整个东亚地区向欧美出口 ICT 产品的代表。根据美国商务部提供的数据，2000～2008 年，虽然来自中国内地的美国贸易逆差比重从 20% 提高到 33%，同期来自亚洲的比重却一直保持在 55% 左右，这很好地说明了，日、韩等东亚国家对美国的贸易逆差很大程度上被中国对美国的逆差替代了。

二　美方是其 ICT 贸易逆差扩大的主要原因

中美贸易不平衡主要原因是美国对高技术产品出口的限制。美国在中美 ICT 贸易中因为担心中国崛起，而对中国实行严厉的抑制政策，并且不断与其应用于军事的可能性联系在一起。因此，近 20 年来美国历届政府都没间断过对中国的出口抑制政策，仅仅在个别年份出于缓和中美两国政治关系的目的，才在某些特定领域对出口抑制政策略有放松。这种大量进口、限制出口的贸易方式必然导致中美贸易不平衡。

美跨国企业以服贸获利，账面上减少了出口额。美国对中国限制出口，并不代表对中国市场不感兴趣，思科、IBM、谷歌、高通、英特尔、苹果、甲骨文、微软等八大金刚领衔的美国 ICT 企业在中国建立了庞大的 ICT 服务贸易网络，全面渗透到中国 ICT 产业的各个领域。电信网络方面，中国电信骨干网络 73% 的设备来自思科，全部超级核心节点和绝大部分普通核心节点都被思科控制；网络服务器方面，中国超过 76% 的 Unix 服务器都由 IBM 负责运维；台式机操作系统方面，中国超过 91% 的台式机安装的是微软的产品；计算机芯片

表 4　美国对中国 ICT 出口增速一波三折

单位：%

年份	出口环比增速	年份	出口环比增速
1993	88.75	2003	-4.04
1994	11.73	2004	30.56
1995	22.32	2005	10.32
1996	-0.48	2006	29.96
1997	9.69	2007	5.56
1998	46.07	2008	5.87
1999	43.85	2009	-13.52
2000	20.85	2010	26.85
2001	27.73	2011	-7.52
2002	-9.23	2012	4.69

数据来源：联合国数据库。

方面，中国制造的计算机绝大部分使用英特尔芯片，世界台式机销量第一的中国厂商联想，每年要将总收入的 11% 支付给英特尔购买芯片。在应用服务器方面，甲骨文公司长期占据中国市场首位，其 2012 年的市场份额高达 40.7%，远远高于中国本土厂商。

美跨国企业通过全面渗透的 ICT 服务贸易网络向中国 ICT 企业收取每年数百亿美元的软件费用、专利费、特许权使用费和各类服务费，这些费用在中国电子产品出口前就已支付给美资在华公司，但仍统计在对美国的出口额中。软件和 IT 技术服务贸易，尤其是信息服务、知识产权、软件等贸易，不便于海关监控，部分以跨国公司在华子公司名义产生的交易额，更是没有通过海关渠道，在这些因素共同作用下，美国对中国的 ICT 出口额在账面上大大减少了。

美方的统计方法严重夸大了贸易差额实际价值。长期以来，中美两国在 ICT 贸易统计数据上一直存在着差异，突出表现为中方统计的对美贸易顺差一直远远小于美方统计的来自中国的 ICT 贸易逆差，而且中美统计差额近年来呈现不断扩大的态势。

表 5　中美 ICT 贸易统计差异逐年扩大

单位：美元

年份	中美贸易差额统计差异	年份	中美贸易差额统计差异
1993	3554913986	2003	20430654122
1994	5106004064	2004	29460633973
1995	6976735548	2005	33991463939
1996	7634807912	2006	34091708306
1997	9114183994	2007	35230087255
1998	11199603862	2008	36033219666
1999	15342723092	2009	33276226848
2000	19173382826	2010	45053848390
2001	18562358197	2011	48487748739
2002	20511122268	2012	52021594869

数据来源：联合国数据库。

双方关于贸易差额的数据相差如此之大，其中一个重要原因是美方对中国香港或其他国家和地区的转口贸易的统计方法不同。中国海关统计采取的是“目的地准则”，即只有从中国大陆发货，且目的地是美国的货物才被认为是对美国出口。相比之下，美国商务部统计采取的是“原产地准则”，只要是“made in China”的产品一律算做中国对美国出口的产品。中美双方统计准则的最大差异在于从中国大陆出发，目的地是香港，而后从香港经多次转运至美国的货物。这些货物从中国大陆出发时，第一目的地不是美国，因而中国海关没有纳入中国对美国的出口。而这些货物到达美国后，美国商务部因原产地是中国，而将其计入中国对美国的出口货物。

需要注意的是，这两种统计方法差异带来的不仅仅是产品数量上的差异，更多的是产品价值上的差异。香港等地的第三方转运机构，在为中国大陆产品转运过程中提供的运输、仓储、保险、寻找客户等附加服务，对这些商品的增加值是相当可观的，部分产品到达美国后，其转运成本可以占到总成本的1/3以上。按照美方的统计方法，在计算这些商品的价值时，只考虑原产地而不考虑转运地，所有中国境外转运地获取的附加值都会被计入中国对美国出口的贸易额。

美国市场对中国计算机通信产品需求量大。美国自中国进口的ICT商品主要是计算机通信产品等消费类电子产品，2010年1～3月该类产品进口额占美国自中国进口所有商品总额的46.8%。该类产品是美国进入信息社会后大量需求的商品，中国世界制造工厂的定位使中国成了美国对这些产品的重要进口国。源源不断的中国ICT产品走进了美国的千家万户，在美国市场上竞争优势非常明显，美国经济对中美ICT贸易的依存度逐年升高。

表6　美国经济对中美ICT贸易依存度逐年升高

单位：%

年份	美国经济对中美ICT贸易的依存度	年份	美国经济对中美ICT贸易的依存度
1992	0.07	2003	0.52
1993	0.09	2004	0.69
1994	0.12	2005	0.81
1995	0.16	2006	0.92
1996	0.17	2007	0.96
1997	0.20	2008	0.97
1998	0.24	2009	0.93
1999	0.28	2010	1.15
2000	0.34	2011	1.20
2001	0.34	2012	1.22
2002	0.42		

数据来源：联合国数据库，世界银行。

三　中国处于互利但非共赢的利益分配格局

中国对美国 ICT 产品的出口绝大部分是从日本、韩国进口中间产品或者原材料，利用中国的劳动力资源进行加工贸易，再出口到美国等国家。贸易各方虽然都从中得到利益，利益分配方面却是几家欢喜几家愁。

贸易方式以加工贸易为主，相关产业带动作用小。据中国科技部统计，自 1996 年以来，中国 ICT 产品进出口贸易主要以加工贸易的形式实现，依靠的是中国劳动力资源的廉价优势，技术含量高的关键零部件严重依赖进口，本地采购比例较低。据统计，中国高新技术加工贸易的国产化率已降至 40%，因此对相关的产业带动作用较小。以集成电路为例，2012 年 1～8 月，中国集成电路累计进口 1164 亿美元，同比增加 6.3%，略低于同期原油累计进口 1475 亿美元。但是需要指出的是，原油的进口与集成电路不同，进口的原油基本上是国内消耗的，而进口的集成电路在国内消化的只是其中的一部分。这一点可从集成电路进口来源国家和地区的组成得到证实：2012 年 1～7 月，集成电路前三位进口来源国家和地区分别是韩国、中国台湾、马来西亚，基本上都是中国电子装备国际垂直分工产业链上下游的合作伙伴。

ICT 出口产品附加值不高，从贸易中获利能力有限。在国际贸易中，“附加值”是指一件产品由于劳动力补偿、关税或利润等原因而产生高于原有价值的新价值。虽然中国出口美国的 ICT 产品中工业制成品的比重在不断上升，但出口产品技术含量与产品附加值不高。以 iPhone 手机为例，2009 年，中国在苹果手机贸易上对美国出口值约为 20 亿美元，如果以附加值测算，中国在这项贸易上对美实际存在 4800 万美元的贸易逆差，而不是顺差。

外资企业是贸易顺差主体，大部分内资企业是逆差。中国 ICT 产品进出口虽然在总体上呈现贸易顺差，但顺差的主体是外资企业，而大部分内资企业仍然具有较高的贸易逆差。以 2006 年的数据为例，外资和内资企业在计算机与通信技术领域均为顺差，但外资企业贸易顺差达到1441.4 亿美元，远高于内资企业 100.6 亿美元的水平；在光电技术领域，外资企业有 34.4 亿美元的顺差，而内资企业为 4.6 亿美元的逆差。此外在电子技术、计算机集成制造技术等领域，外资企业和内资企业均为逆差。

四　美国利用技术垄断从 ICT 贸易中谋取利益

中美 ICT 贸易发展不平衡归根结底是由美国等发达国家一直利用信息通信产业的特点和自身优势进行“技术垄断”造成的，这种技术垄断给美国带来巨大的利益。

首先，ICT 贸易促进美国产业结构调整，创造大量工作岗位。长期以来，美国跨国公司通过 ICT 贸易，将低附加值的制造环节外包给发展中国家，自己则集中精力加强技术优势，把高附加值的研发、设计环节牢牢抓在手中。在美国主导的全球分工体系中，消耗自然资源和人力资源的低端部分逐渐迁出美国，为依赖知识和技术的高端部分腾出产业发展空间，促进了美国产业结构的调整。中国海关对笔记本电脑等 ICT 产品进行的跨国实地调查显示，一台惠普笔记本电脑在中国组装成品后销往美国过程中，中国企业利润仅仅占售价的 3%，不仅远低于美国芯片设计厂商的利润，甚至远低于美国零售商 16.96% 的销售利润。

其次，对华 ICT 贸易缓解美国国内失业危机。失业率是反映美国经济的晴雨表，历届美国政府都把控制失业率作为头等大事来抓。由于中国 ICT 市场潜力巨大，对华 ICT 贸易一直是美国解决失业率的重要抓手。根据美国贸易代表办公室在“美国和世界贸易组织”的报告中提供的数据：“美国每出口 10 亿美元价值的商品和服务，就能给美国国内带来近万个工作岗位。”近 10 年来，美国对中国的 ICT 贸易虽然一波三折，但始终维持在 13 万亿美元的规模之上，以此推算，对华 ICT 贸易每年可以稳定地为美国国内提供 1.3 万个高薪水的就业岗位。

再次，ICT 贸易缩小美国数字鸿沟，形成中国对美市场依赖。从美国国内市场价格看，中国的 ICT 商品价廉物美，为美国低收入人群带来享受信息技术红利的机会，有助于缓解美国社会数字鸿沟日益扩大的问题。另外，伴随着美国产业结构调整，美国本土厂商基本不生产这些廉价 ICT 商品，如果不从中国进口这些产品，也必须从其他国家进口同样的产品替代中国产品，考虑到中国世界工厂的低成本优势，其他国家替代品的价格必然高于中国产品，美国消费者每年购买替代品的支出将不可避免地增加。另外，美国是中国主要的 ICT 产品出口国，2008 年金融危机以后美国市场需求疲软，中国 ICT 厂商的出口也随之受到明显影响，这表明中国 ICT 产业对美国市场已经产生了明显的依赖。即使今后美国金融危机的影响消除，中国也面对诸多竞争对手，在劳动密集型 ICT 产品上，与美国南部接壤的墨西哥不弱于中国；在技术密集型的 ICT 产品上，与美国北部接壤的加拿大更是强于中国。因此，在名义上相互依赖的 ICT 贸易中，中国更加依赖于美国市场。

最后，ICT 贸易逆差为美国带来大量的美元铸币收入。统计数据表明，ICT 贸易逆差是中美贸易逆差的主要来源，贸易逆差为美国带来大量美元铸币收入。美元作为载体货币的事实，使美国获得了可观的铸币收入，即纸币的面值与印制成本之间的差额。据估计，美国每年获得的铸币收入能占到其 GDP 的 2.5%。在中美 ICT 贸易中，美国在获得铸币收入的同时，还得到了中国为了获得美元而出口的廉价 ICT 商品。

五 中国 ICT 产品竞争力与市场潜力日渐凸显

美国 ICT 产品在中国市场的竞争力呈下降趋势。显性比较优势（RCA）分析方法①是考察两国 ICT 产品在海外市场竞争力的常用方法。根据 RCA 指数的计算过程得到的中美 ICT 贸易显性比较优势指数（RCA）值，依据数值高低，可以划分为极强、很强、较强、较弱等四个档次。分析结果显示，中国 ICT 商品竞争力从 1997 年的较弱档逐步上升到 2010 年的较强档，13 年间上升了 2 个档次，逐渐显示出一定的竞争力。然而值得注意的是，RCA 指数反映的竞争力相对数量关系，只能说明中国 ICT 产品在美国市场的竞争力处于上升趋势，并不能说明中国 ICT 产品已经具有明显的竞争优势。

表 7 中美 ICT 产品显性比较优势指数（RCA）变化情况

年份	中国 ICT 产品竞争力	美国 ICT 产品竞争力
1997	较弱	很强
1998	较弱	很强
1999	较弱	很强
2000	较弱	较强
2001	较弱	较强
2002	较强	较强
2003	较强	较强
2004	较强	较强
2005	较强	较强
2006	较强	较强

① RCA 指数由美国经济学家贝拉 · 巴拉萨（Balassa Bela）首先提出，后来又经过日本经济学家小岛清（Kosima，1968）等经济学家在充分借鉴吸收巴拉萨的现实比较优势指数公式的基础上，进行修正，使得这一方法更具有实用性和科学性，成为研究一国或地区某种产业国际竞争力的一种重要分析方法。

续表

年份	中国 ICT 产品竞争力	美国 ICT 产品竞争力
2007	较强	较强
2008	很强	较强
2009	很强	较强
2010	很强	较强

数据来源：美国商务部、联合国数据库。

相比于中国 ICT 产品在美国市场的竞争力逐渐上升的趋势，美国 ICT 产品在中国市场的竞争力表现出日渐下降的趋势，从 90 年代初期的具有很强的国际竞争力，下降至目前的具有较强的国际竞争力。美国 ICT 产品在中国市场竞争力下降的主要原因是国内 ICT 厂商的技术实力迅速提升。以服务器为例，以 IBM、惠普、甲骨文为代表的传统 IT 业巨头们，曾经依靠服务器全面统治中国市场。但是随着华为、浪潮、曙光等中国厂商加入竞争，美资企业的市场份额开始全面下降。根据 Gartner 公司数据，在 2014 年第一季度的中国通用服务器市场，美国厂商的份额出现集体下降，IBM、HP、DELL 的市场份额从 2013 年同期的 49% 降至 38%，其中 IBM X 服务器的降幅更是高达 25 个百分点。浪潮、华为、联想等国产服务器厂商的份额快速增加，中

表 8　2014 年第一季度中国 X86 服务器市场出货量情况

单位：万台

厂商	出货量	厂商	出货量
浪潮	8.09	联想	4.50
戴尔	7.13	惠普	4.32
华为	7.04	曙光	3.53
IBM	4.53		

数据来源：Gartner。

国企业几乎在各个领域都占据优势，其中浪潮表现突出，2014 年第一季出货量达 80929 台，市场份额 19%，位居中国第一、全球市场第五，同比增长 288%。这不仅意味着浪潮成为中国有服务器以来第一个夺得市场第一的中国厂商，也成为本季度全球增长最快的厂商。

中国对美国的 ICT 贸易竞争力指数呈上升趋势。贸易竞争力指数[①]表示的是一国某一产业或产品在另一国或世界市场上的竞争力。经过测算，在 ICT 产品上，中国对美国的贸易竞争力指数呈上升趋势，在 ICT 产品出口方面中国较美国逐渐表现出较高的竞争力。此类产品贸易竞争力提高反映了中国 ICT 产业实力的不断增强，从 1996 年之前大量进口美国 ICT 产品，发展到 1996 年之后大量向美国出口 ICT 产品。从中美商品贸易总体局势来看，ICT 贸易的异军突起，也反映了中国对美国出口商品结构的逐渐优化：对美国出口商品逐渐从纺织、服装等劳动密集型产品，向以手机、电脑为代表的技术密集型产品转变。

同时也应该注意到，中国对美 ICT 出口贸易方面竞争力指数的提高，并不完全归因于中国竞争能力的提高。因为部分从中国出口的 ICT 产品虽然属于资本技术密集型产品，但是中国只承担了组装等低水平劳动密集型环节，其对中国来说本质仍是劳动密集型产品，只是由于统计方法的局限，被纳入资本技术密集型产品范畴。所以应客观看待中国对美国 ICT 贸易竞争力指数分析结果，不能简单地认为此类产品已经具有很高的竞争力了。

① 贸易竞争力指数：该指数的取值范围是 [-1, 1]。贸易竞争力指数越接近 1，说明此国对某种产品的出口越多进口越少，该国的贸易竞争力就越强。该贸易竞争力指数越接近 -1，则表示此国对某种产品的出口越少进口越多，该国的贸易竞争力就越弱。而该贸易竞争力指数越接近 0，则表示此国对某种产品的出口与进口额越趋于相等，此国的国际分工水平就越高。

表9　中国对美国ICT贸易竞争力指数呈上升趋势

年份	贸易竞争力指数	年份	贸易竞争力指数
1990	-0.67	2001	0.18
1991	-0.63	2002	0.35
1992	-0.55	2003	0.5
1993	-0.33	2004	0.53
1994	-0.22	2005	0.58
1995	-0.01	2006	0.56
1996	0	2007	0.58
1997	0.11	2008	0.57
1998	0.18	2009	0.56
1999	0.17	2010	0.57
2000	0.25		

数据来源：联合国数据库。

内销市场整体向好，中国对美市场依赖逐步降低。近年来，中国ICT产品内外销市场呈现冰火两重天的发展态势，以2013年家用视听行业为例：受国际经济环境复杂严峻，特别是欧美经济持续低迷的影响，中国家用视听行业出口大幅下滑。与之相反，内销市场却连续10个月增速超过20%，其中6个月内销增速超过30%，内销贡献率明显提高。之所以出现这样的局面，主要基于三个因素：一是新兴产品带动了消费电子需求增长；二是信息化建设拓宽了融合化产品的市场空间；三是战略性新兴产业发展带动了基础行业增长，催生了新的产品形式和产业形态。在内销市场的拉动下，内资企业实力也获得显著提升，2013年，中国规模以上电子信息制造业中，内资企业实现销售产值30975亿元，同比增长18.5%，高于行业平均水平7.5个百分点；三资企业实现销售产值62917亿元，同比增长7.7%，增速低于平均水平3.3个百分点；内资企业销售产值比重达到33.0%，比上年提高2.1个百分点。这样看来，中国的内销市场将会为ICT产业提供更强有力的支撑，推动中国对美国市场的依赖逐步降低。

表10　中国经济对中美ICT贸易的依存度逐步降低

单位：%

年份	贸易依存度	年份	贸易依存度
1992	0.31	2003	2.57
1993	0.88	2004	3.08
1994	0.98	2005	3.34
1995	0.94	2006	3.53
1996	0.91	2007	3.06
1997	1.03	2008	2.45
1998	1.26	2009	2.07
1999	1.50	2010	2.22
2000	1.74	2011	1.96
2001	1.80	2012	1.87
2002	2.10		

数据来源：联合数据库，世界银行。

六　跨国公司应在改善中美ICT贸易中发挥积极作用

美国在ICT技术方面对中国的垄断导致了ICT产业贸易不平衡，中国打破美国ICT技术垄断的关键在于发挥在华美资跨国企业作用。中美ICT贸易关系一旦紧张，在华美资跨国企业也将成为直接受害者，游说美国政府维护中美经贸关系，是符合其自身利益的。受到棱镜门事件的近期影响，以及中国市场竞争格局改变的长期影响，当前在华美资跨国公司普遍遭遇经营困境，包括IBM、甲骨文、思科等在内的美国 IT 公司在中国市场的业绩呈现显著下滑的趋势。根据统计，IBM 营收自 2012 年第二季度以来一直呈下行趋势，下滑幅度在1% ~ 5%之间。净利润同比则处在涨跌波动中，至2014 年一季度同比下滑高达21%。甲骨文2014 财年第四财季及全年的财报表明，甲骨文第四财季净利润比上年下降 4%。思科公司预测 2014 年第二财季公司总营收将下跌 8% ~10%。中国政府应当以此为契机调动美国在华跨国公司做其政府工作，促进跨国公司研发机构与本土互动及技术扩散，利用跨国公司产业内直接投资带动产业结构升级、改善中美贸易平衡。

促进跨国公司研发机构技术扩散，突破美方高技术出口限制。跨国公司离岸研发机构与本土研究机构的互动是在其与中国创新主体反复博弈的情况下产生的，这种互动有利于提高双方的技术创新能力，是双方的最佳选择：跨国公司离岸研发机构与中国研究机构互动，能够增加技术溢出的可能性，突破美方高技术出口限制；地方创新主体与跨国公司研发机构互动，能够增大创新资源流向跨国公司研发机构的可能性。促进跨国公司研发机构同中国研究机构互动及技术扩散，可以考虑从以下三个方面入手。

首先，提高在华跨国企业的技术创新能力，也就是吸引更多的跨国公司在中国设立研发机构并促使其提高运行效率。在互联网时代，中国具有世界上最大规模的社交网络和通信网络，最多数量的手机、电脑等 ICT 产品用户群，以及与产业配套最完备的制造能力，这些优势构成了孕育新技术和新产品的土壤。要在中国生产一流的产品，就要在中国发展一流的技术，跨国公司为了自身的利益，有动力加大在华设立研发机构的力度。可考虑逐步降低跨国公司在华设立研发机构的门槛，进一步简化审批流程，出台相应的财税优惠和资金奖励政策，为外资研发中心在外汇结算、购置自用科研设备方面减免关税，为跨境人员流动与人才引进等方面提供便利，为跨国公司提高运行效率创造有利条件。

其次，增加技术传递渠道的带宽、缩短外资研发机构和本土机构之间的技术传播距离，保障技术传播渠道的通畅；可考虑在科研合作项目申报、技术交易平台、技术公共服务平台建设等方面为外资研发机构建立绿色通道，丰富其与本土高校科研机构的合作渠道和方式，鼓励其具有自主知识产权的技术和产品进入技术交易市场进行交易，促进其融入本土技术创新体系。

再次，提高中国 ICT 企业的引进吸收能力，也就是提高中国创新体系的运行效率。另外，降低本土研发资源向跨国公司的过分逆向流动风险也是需要考虑的重要方面之一。

调整外资流向推动产业结构升级，引导贸易顺差对外转移。中国 ICT 产业贸易中很大一部分是外资跨国企业带动的，对外资的依赖性比较强，这对中国 ICT 产业的发展有着不利的影响。要改善这种情况建议从以下几个方面着手。

第一，调整外资利用政策，促进产业结构升级。结合信息安全形势新需求和国产 IT 产品竞争力日渐提升的新趋势，逐步减少对信息与通信产业加工类外资流入的“超国民待遇”，通过建立战略产业发展基金，鼓励资本并购等新形式的优惠政策，引导跨国公司资金、技术流入芯片设计、系统集成等对美贸易逆差产业，以产业结构升级带动中美贸易结构优化。

第二，借助一带一路战略，控制 ICT 贸易顺差账面值。首先，依托海上丝绸之路和丝绸之路经济带战略，通过对丝绸之路沿途的亚洲国家直接投资，建立 ICT 加工装配型中资跨国企业，扩大这些地区对美 ICT 出口，间接缩小中美间直接的加工类 ICT 产品贸易。其次，继续推动与日本、韩国、中国台湾、新加坡等亚洲四小龙的自由贸易区建设，利用自由贸易区贸易转移作用和贸易创造效应，使外部贸易内部化，减少中国对美国 ICT 贸易的账面值。

B.12 附　录

附录一　2014年联合国“电子政务发展指数”（EGDI）

2001 年，联合国经济与社会事务部公共经济与公共管理司（DPEPA/UNDESA）与美国公共管理协会（ASAP）两大国际组织首次联合发起对全球 190 个国家电子政务的调查。截至 2014 年 7 月，联合国共发布了 8 次全球电子政务评估报告。早在 2010 年，报告首次将“电子政务准备度”更名为“电子政务发展指数”（EGDI），旨在衡量社会公众获取电子政务公共服务的能力与意愿，以及政府提供高质量服务和有效沟通工具满足公众需求的能力。

2014 年 6 月 25 日，联合国经济社会事务部（UNDESA）公布了最新的全球各国“电子政务发展指数”（EGDI）的排名情况。韩国连续三年位列榜首，澳大利亚和新加坡两个国家的排名较上次有了大幅提升，分列第二位、第三位。

“EGDI 指数”由政府在线服务成熟度、通信基础设施和人力资本指数等三部分构成，并依据这三项指标计算出得分后进行排名（得分范围为 0.0 ~ 1.0）。2014 年的排名结果显示，联合国 193 个成员国第一次全部建有国家政府网站，但是大多数网站依然停留在电子政务发展的低等或中等水平，也就是指标得分集中在在线服务新兴阶段和增强阶段。即使在信息基础设施和人力资源储备高度发达的国家，向在线事务处理和全面整合所代表的两个高级阶段跨越的过程也充满困难。因为这往往需要强大的在线数据保护和在线支付系统以及能够实现跨政府部门的数据安全共享。要达到这样的目标，不仅需要国民收入达到一定层次，还需要强有力的政策支持和领导、机构执行力度，公民问责和公民参与以及完善的电子政务发展规划、信息基础设施以及国民教育程度的积累。

2014 年，根据 EGDI 指数值，联合国将得分划分为“优秀”(very high)、“较好”（high)、“中等”（middle）和“低等”（low）四个等级。得分超过 0.75 的国家被评为优秀，这样的国家共有 25 个，占 13%。这些国家均在 2012 年世界银行的分类中属于“高收入国家”。优秀类国家的 EGDI 指数平均值为 0.8368，远高于总体平均值 0.4712。得分在 0.5 ~ 0.75 之间的国家被评为较好，这样的国家共有 62 个，占 32%，我国也位列其中。得分在 0.25 ~ 0.5 之间的国家被评为中等，共计 74 个国家，占比 38%。得分低于 0.25 分的国家处于“低等”阶段，共计 32 个，占 17%。

报告指出，缺乏信息通信技术创新、应用和教育基础设施薄弱是制约发展中国家电子政务发展的主要因素。人均收入是另外一个限制因素，收入较低的国家花费在信息通信技术上的每一美元都具有较高的边际成本。如果该国拥有庞大的人口或广阔的国土，情况将会变得尤其严峻，因为电子政务的包容性要求在线服务提供和基础设施的使用能惠及所有公众，覆盖所有国土。即使有移动技术的帮助，在偏远的农村地区，网络连接依然是一个主要的挑战。广泛的社会包容性意味着发展同等水平的电子政务，收入低、面积大的国家要比收入高、面积小的国家付出更多的努力。也就是说，人均收入高、人口少、有高水平网络连接的国家发展电子政务面临的挑战较少。不过，报告也认为，“EGDI”指数高级和中等国家还有很多推动在线服务发展的空间。可以通过制定清晰的战略、对基础设施明智的投资、在基础教育和高等教育上的继续投资以及在线服务方式的巨大变革来提高排名。

附表 1 "2014 年电子政务发展指数"（EGDI）排名

排名	国家/经济体	得分	排名	国家/经济体	得分
1	韩国	0.9462	31	拉脱维亚	0.7178
2	澳大利亚	0.9103	32	阿拉伯联合酋长国	0.7136
3	新加坡	0.9076	33	智利	0.7122
4	法国	0.8938	34	希腊	0.7118
5	荷兰	0.8897	35	列支敦士登	0.6982
6	日本	0.8874	36	沙特阿拉伯	0.6900
7	美国	0.8748	37	葡萄牙	0.6900
8	英国	0.8695	38	摩纳哥	0.6715
9	新西兰	0.8644	39	匈牙利	0.6637
10	芬兰	0.8449	40	马耳他	0.6518
11	加拿大	0.8418	41	斯洛文尼亚	0.6505
12	西班牙	0.8410	42	波兰	0.6482
13	挪威	0.8357	43	安道尔	0.6426
14	瑞典	0.8225	44	卡塔尔	0.6362
15	爱沙尼亚	0.8180	45	黑山共和国	0.6346
16	丹麦	0.8162	46	阿根廷	0.6306
17	以色列	0.8162	47	克罗地亚	0.6282
18	巴林	0.8089	48	阿曼	0.6273
19	冰岛	0.7970	49	科威特	0.6268
20	奥地利	0.7912	50	哥伦比亚	0.6173
21	德国	0.7864	51	斯洛伐克	0.6148
22	爱尔兰	0.7810	52	马来西亚	0.6115
23	意大利	0.7593	53	捷克共和国	0.6070
24	卢森堡	0.7591	54	哥斯达黎加	0.6061
25	比利时	0.7564	55	白俄罗斯	0.6053
26	乌拉圭	0.7420	56	格鲁吉亚	0.6047
27	俄罗斯联邦	0.7296	57	巴西	0.6008
28	哈萨克斯坦	0.7283	58	塞浦路斯	0.5958
29	立陶宛	0.7271	59	巴巴多斯	0.5933
30	瑞士	0.7267	60	安提瓜岛和巴布达	0.5927

续表

排名	国家/经济体	得分	排名	国家/经济体	得分
61	亚美尼亚	0.5897	91	特立尼达和多巴哥	0.4932
62	圣马力诺	0.5823	92	巴哈马群岛	0.4900
63	墨西哥	0.5733	93	南非	0.4869
64	罗马尼亚	0.5632	94	马尔代夫	0.4813
65	蒙古	0.5581	95	菲律宾	0.4768
66	摩尔多瓦共和国	0.5571	96	马其顿	0.4720
67	委内瑞拉	0.5564	97	波斯尼亚和黑塞哥维那	0.4707
68	阿塞拜疆	0.5472	98	汤加	0.4706
69	塞尔维亚	0.5472	99	越南	0.4705
70	中国	0.5450	100	乌兹别克斯坦	0.4695
71	土耳其	0.5443	101	吉尔吉斯斯坦	0.4657
72	秘鲁	0.5435	102	泰国	0.4631
73	保加利亚	0.5421	103	多民族玻利维亚国	0.4562
74	斯里兰卡	0.5418	104	圣卢西亚岛	0.4525
75	突尼斯	0.5390	105	伊朗	0.4508
76	毛里求斯	0.5338	106	印尼	0.4487
77	巴拿马	0.5242	107	多米尼加共和国	0.4481
78	格林纳达	0.5220	108	帕劳	0.4415
79	约旦	0.5167	109	牙买加	0.4388
80	埃及	0.5129	110	多米尼加	0.4338
81	塞舌尔	0.5113	111	萨摩亚	0.4204
82	摩洛哥	0.5060	112	博茨瓦纳	0.4198
83	厄瓜多尔	0.5053	113	圣文森特和格林纳丁斯	0.4158
84	阿尔巴尼亚	0.5046	114	洪都拉斯	0.4083
85	斐济	0.5044	115	苏里南	0.4045
86	文莱	0.5042	116	古巴	0.3917
87	乌克兰	0.5032	117	纳米比亚	0.3880
88	萨尔瓦多	0.4989	118	印度	0.3834
89	黎巴嫩	0.4982	119	肯尼亚	0.3805
90	圣基茨和尼维斯	0.4980	120	伯利兹	0.3774

续表

排名	国家/经济体	得分	排名	国家/经济体	得分
121	利比亚	0.3753	151	塞内加尔	0.2666
122	巴拉圭	0.3740	152	老挝人民民主共和国	0.2659
123	加纳	0.3735	153	莱索托	0.2629
124	圭亚那	0.3695	154	苏丹	0.2606
125	卢旺达	0.3589	155	马达加斯加	0.2606
126	津巴布韦	0.3585	156	乌干达	0.2593
127	佛得角	0.3551	157	埃塞俄比亚	0.2589
128	土库曼斯坦	0.3511	158	巴基斯坦	0.2580
129	塔吉克斯坦	0.3395	159	瓦努阿图	0.2571
130	密克罗尼西亚(联邦)	0.3337	160	刚果(布)	0.2570
131	加蓬	0.3294	161	东帝汶	0.2528
132	基里巴斯	0.3201	162	多哥	0.2446
133	危地马拉	0.3160	163	赞比亚	0.2389
134	伊拉克	0.3141	164	莫桑比克	0.2384
135	阿拉伯叙利亚共和国	0.3134	165	尼泊尔	0.2344
136	阿尔及利亚	0.3106	166	马拉维	0.2321
137	图瓦卢	0.3059	167	冈比亚	0.2285
138	斯威士兰	0.3056	168	赤道几内亚	0.2268
139	柬埔寨	0.2999	169	圣多美和普林西比	0.2218
140	安哥拉	0.2970	170	所罗门群岛	0.2087
141	尼日利亚	0.2929	171	科特迪瓦	0.2039
142	马绍尔群岛	0.2851	172	布隆迪	0.1928
143	不丹	0.2829	173	阿富汗	0.1900
144	喀麦隆	0.2782	174	毛里塔尼亚	0.1893
145	瑙鲁	0.2776	175	缅甸	0.1869
146	坦桑尼亚联合共和国	0.2764	176	海地	0.1809
147	尼加拉瓜	0.2759	177	科摩罗	0.1808
148	孟加拉国	0.2757	178	布吉纳法索	0.1804
149	朝鲜	0.2753	179	利比里亚	0.1768
150	也门	0.2720	180	贝宁	0.1685

续表

排名	国家/经济体	得分	排名	国家/经济体	得分
181	马里	0.1634	188	巴布亚新几内亚	0.1203
182	几内亚比绍	0.1609	189	乍得	0.1076
183	刚果(金)	0.1551	190	几内亚	0.0954
184	吉布提	0.1456	191	尼日尔	0.0946
185	南苏丹	0.1418	192	厄立特里亚	0.0908
186	塞拉利昂	0.1329	193	索马里	0.0139
187	中非共和国	0.1257			

附录二　2014年世界经济论坛“网络化准备指数”（NRI）

世界经济论坛（The World Economic Forum，简称 WEF）一直关注世界经济的可持续发展，尤其是新技术对经济发展和竞争能力的影响。21 世纪伊始，WEF 着手研究信息技术对经济发展影响的定量分析。2001 年，WEF 和哈佛大学国际发展中心合作，推出了网络化准备指数（Networked Readiness Index，简称 NRI），并于 2002 年发布了相应的测评分析报告《全球信息技术报告（The Global Information Technology Report）2001 - 2002》。2002 年，WEF 和欧洲工商管理学院（INSEAD）合作，对“NRI 指数”指标体系进行了改进。改进后的“NRI 指数”分 3 个一级指标，即环境、就绪度和应用，共有 64 个二级指标。2010 年，WEF 再次对“NRI 指数”作了细小的修订，该指数由 68 个二级指标构成。2011 年，为了更好地体现信息通信技术对经济和社会发展的影响，WEF 在之前 3 个一级指标的基础上增加了“影响”指标，二级指标和三级指标也随之进行了更改和重新匹配。目前，该指数包括 58 个指标。

2014年4月，WEF发布了《2014全球信息技术报告》，这已经是WEF连续第13次发布该报告，已成为研究信息通信技术如何影响各国发展进程和竞争力的权威评估报告。最新的“NRI指数”排名显示，芬兰是世界上信息通信技术发展及应用程度最高的经济体，随后分别是新加坡、瑞典、荷兰、挪威、瑞士及美国。中国香港从2013年的第14位升至第5位，跻身前10。我国虽然在网络连接和数字化规模方面有所提升，但信息技术发展步伐仍滞后于其他经济体，仅排在第62位，较上一年度下降4位。

《2014年全球信息技术报告》认为，我们正走入大数据时代，大数据对于改进现有企业运营模式、重塑整个经济领域面貌具有巨大潜力。报告认为，政府部门应特别注意环境成熟水平，向公民充分展示大数据带来的益处，化解人们对隐私的担忧。此外，还应创造环境，帮助大数据领域（如数据、服务和IT系统提供商）拓展市场，同时采取措施解决大数据专家短缺的问题。随着大数据越来越多地出现在公共部门和私营机构当中，大数据的使用将成为国家和企业获得竞争优势的手段。

对企业发展而言，大数据可为新生公司铺路，催生新产业的涌现。虽然技术是重要的一方面，但仅凭技术不足以让企业充分挖掘大数据的潜能，赶走海量信息带来的淹没感。重要的是重建内部决策制定文化，让高管用数据而不是凭感觉做判断。已有研究表明，重建决策文化的公司比竞争对手更容易提高生产率和利润率。同时，企业应当从众多复杂的大数据使用方法中选择合适的方法来提高效率，改进商业模式。

与过去相比，大数据时代的治理更多地来自于数据驱动。成功的数据驱动型社会，其基础是对个人隐私和自由的保护。该报告针对安全使用大数据提出了以下政策建议：

一是大数据系统应当以分散的方式存储数据。按照不同类型

（如金融数据、医疗数据）、不同类别（如居民数据、企业数据）进行划分，由相应部门的人员监管，设置数据共享权限。在实践中，最佳的数据托管人分布在不同的区域中，并使用异构的计算系统。这样做是因为同时攻击不同类型的数据非常困难。

二是数据共享应该始终保持与数据相关的起源和许可，并支持自动防篡改审计。只要有可能，实践中应该只分享与数据相关问题的答案，而不是数据本身。在这条原则上改进内部规则，有助于减少未经授权的信息泄露的风险。

三是大数据系统应当由合作机构共同控制，而不仅是单个公司控制自己的系统，这样反而会比较安全。外部数据共享应该仅在具有相同的本地控制、许可、来源和审计的数据系统之间发生，还应该包括使用那些诸如受雇于信任网络的标准法律协议。否则，数据会在不用直接袭击中央系统的情况下，被从数据源或终端消费者那里抽走。

四是个人以及私有公司对于安全数据生态系统的需求也有所提高。因此，个人或者企业的数据需要具有安全的存储环境，并被吸纳到信任网络数据共享协议中。

五是所有实体在任何时候应当使用安全的身份凭证。

六是创建一个在法律协议下的“开放”数据共享，允许第三方改善服务，使得开放数据可以产生巨大价值。

尽管这些建议看上去可能比较繁琐，但是在大多数情况下，仍被认为是简单应用在现代计算机数据库和网络内的标准协议。然而，在许多案例中，分散数据存储和管理已经成为当前实践的一部分，整个系统应用起来将比集中处理方法更加便捷划算。在法律或诸如信任网络的监管框架内，认真使用起源、权限和审计，的确都是新的做法。

最重要的是，这些建议将带来更加安全和富有弹性的数据生态系统，让我们安全地获得使用大数据的优势，帮助建立和监督公共政策。

附表2　2014年“网络化准备指数”（NRI）排名

排名	国家/经济体	得分	排名	国家/经济体	得分
1	芬兰	6.04	31	立陶宛	4.78
2	新加坡	5.97	32	沙特阿拉伯	4.78
3	瑞典	5.93	33	葡萄牙	4.73
4	荷兰	5.79	34	西班牙	4.69
5	挪威	5.70	35	智利	4.61
6	瑞士	5.62	36	斯洛文尼亚	4.60
7	美国	5.61	37	塞浦路斯	4.60
8	中国香港	5.60	38	哈萨克斯坦	4.58
9	英国	5.54	39	拉脱维亚	4.58
10	韩国	5.54	40	阿曼	4.56
11	卢森堡	5.53	41	波多黎各	4.54
12	德国	5.50	42	捷克共和国	4.49
13	丹麦	5.50	43	巴拿马	4.36
14	中国台湾	5.47	44	约旦	4.36
15	以色列	5.42	45	文莱	4.34
16	日本	5.41	46	克罗地亚	4.34
17	加拿大	5.41	47	匈牙利	4.32
18	澳大利亚	5.40	48	毛里求斯	4.31
19	冰岛	5.30	49	阿塞拜疆	4.31
20	新西兰	5.27	50	俄罗斯	4.30
21	爱沙尼亚	5.27	51	土耳其	4.30
22	奥地利	5.26	52	黑山共和国	4.27
23	卡塔尔	5.22	53	哥斯达黎加	4.25
24	阿拉伯联合酋长国	5.20	54	波兰	4.24
25	法国	5.09	55	巴巴多斯	4.22
26	爱尔兰	5.07	56	乌拉圭	4.22
27	比利时	5.06	57	马其顿	4.19
28	马耳他	4.96	58	意大利	4.18
29	巴林	4.86	59	斯洛伐克	4.12
30	马来西亚	4.83	60	格鲁吉亚	4.09

续表

排名	国家/经济体	得分	排名	国家/经济体	得分
61	蒙古	4.07	91	埃及	3.71
62	中国	4.05	92	肯尼亚	3.71
63	哥伦比亚	4.05	93	多米尼加共和国	3.69
64	印尼	4.04	94	不丹	3.68
65	亚美尼亚	4.03	95	阿尔巴尼亚	3.66
66	塞舌尔	4.02	96	加纳	3.65
67	泰国	4.01	97	黎巴嫩	3.64
68	波斯尼亚和黑塞哥维那	3.99	98	萨尔瓦多	3.63
69	巴西	3.98	99	摩洛哥	3.61
70	南非	3.98	100	阿根廷	3.53
71	特立尼达和多巴哥	3.97	101	危地马拉	3.52
72	科威特	3.96	102	巴拉圭	3.47
73	保加利亚	3.96	103	博茨瓦纳	3.43
74	希腊	3.95	104	伊朗	3.42
75	罗马尼亚	3.95	105	纳米比亚	3.41
76	斯里兰卡	3.94	106	委内瑞拉	3.39
77	摩尔多瓦	3.89	107	冈比亚	3.38
78	菲律宾	3.89	108	柬埔寨	3.36
79	墨西哥	3.89	109	老挝	3.34
80	塞尔维亚	3.88	110	赞比亚	3.34
81	乌克兰	3.87	111	巴基斯坦	3.33
82	厄瓜多尔	3.85	112	尼日利亚	3.31
83	印度	3.85	113	苏里南	3.30
84	越南	3.84	114	塞内加尔	3.30
85	卢旺达	3.78	115	乌干达	3.25
86	牙买加	3.77	116	洪都拉斯	3.24
87	突尼斯	3.77	117	津巴布韦	3.24
88	圭亚那	3.77	118	吉尔吉斯共和国	3.22
89	佛得角	3.73	119	孟加拉国	3.21
90	秘鲁	3.73	120	玻利维亚	3.21

续表

排名	国家/经济体	得分	排名	国家/经济体	得分
121	利比里亚	3.19	135	贝宁	2.82
122	科特迪瓦	3.14	136	布吉纳法索	2.78
123	尼泊尔	3.09	137	莫桑比克	2.77
124	尼加拉瓜	3.08	138	利比亚	2.75
125	坦桑尼亚	3.04	139	马达加斯加	2.74
126	斯威士兰	3.00	140	也门	2.73
127	马里	3.00	141	东帝汶	2.69
128	加蓬	2.98	142	毛里塔尼亚	2.61
129	阿尔及利亚	2.98	143	海地	2.52
130	埃塞俄比亚	2.95	144	安哥拉	2.52
131	喀麦隆	2.94	145	几内亚	2.48
132	马拉维	2.90	146	缅甸	2.35
133	莱索托	2.88	147	布隆迪	2.31
134	塞拉利昂	2.85	148	乍得	2.22

附录三　2014年国际电信联盟“ICT发展指数”（IDI）

“ICT发展指数”（IDI）是一种根据各国ICT接入、使用和技能水平，对166个国家进行排名的综合性衡量方法。2014年11月24日，国际电联发布了年度报告《衡量信息社会报告》。该报告被公认为是世界上全球ICT发展状况数据和分析最可靠和最公正的资料库，为各国政府、金融机构和全球私营部门分析师广泛采用。报告显示，目前全球有30多亿人可以上网，几乎所有国家的信息通信技术（ICT）都在继续保持强劲增长。

最新的数据表明，2014年全球互联网使用增长率为6.6%（发达国家为3.3%，发展中国家为8.7%）。发展中国家的互联网用户数量在五年中（2009～2014年）翻了一番，现在有三分之二的网民在发展中国家。在尚未使用互联网的43亿人中，90%生活在发展中国家。世界上42个连接程度最低的国家（LCC）有25亿人口，ICT接入在很大程度上仍遥不可及，拥有大量农村人口的国家尤其如此。

在移动蜂窝领域，该报告预测，移动签约用户数量将在2014年底达到70亿，大约与全球总人口相当。但报告也发出警告：不应得出人人均可上网的结论；实际上，许多用户有多项签约，有时总体增长数值难以体现出位于金字塔最底层国家在连通水平方面细微的实际改善。据估计，世界上有4.5亿人的居住之地仍然没有移动蜂窝服务。

令人欣慰的是，该报告指出，贫困国家在获取国际带宽方面取得了长足进步，发展中国家在全球国际总带宽中所占比例已从2004年的仅仅9%上升为现在的30%以上。但缺乏足够的国际互联网带宽依然是许多连通程度最低国家发展ICT的主要障碍，且这往往限制了互联网接入的质量。

2014年，丹麦位居国际电联ICT发展指数（IDI）排行榜的榜首，紧随其后的是韩国。位于IDI排名前30位的国家包括欧洲国家和其他区域的高收入经济体，其中包括澳大利亚、巴林、加拿大、日本、中国澳门、新西兰、新加坡和美国等。今年，几乎所有接受调查国家的IDI排名均有所提高。

在区域比较方面，欧洲平均IDI值为7.14，仍遥遥领先于成绩第二的区域——独联体国家（简称CIS，IDI值为5.33），之后是美洲（4.86）、亚太（4.57）、阿拉伯国家（4.55）和非洲（2.31）。在过去的12个月中，独联体和阿拉伯国家在区域平均IDI方面增长幅度最大。

报告列出了一组“最富活力的国家”，这些国家在过去一年中IDI排名上升的幅度创下高于平均水平的记录。这些国家包括（按上升幅度排序）：阿拉伯联合酋长国、斐济、佛得角、泰国、阿曼、卡塔尔、白俄罗斯、波黑和格鲁吉亚。

平均而言，发达国家的IDI数值是发展中国家的两倍。截至2014年底，全球几乎44%的家庭将可在家上网，而去年和2010年的数字分别为40%和30%。在发达国家，现已有78%的家庭拥有住宅互联网接入；与此相比，发展中国家的比例为31%，而联合国48个最不发达国家只有5%。

在过去十年中，学校互联网接入取得了长足进步。在发达国家，绝大多数学校现已拥有宽带互联网，许多工业化国家已经实现了100%的学校连接。在发展中国家也取得了显著进展，但接入水平差异很大，不仅是在各国之间，各国的不同地区之间也存在差异。

报告指出，公共图书馆和邮局作为公共ICT接入点的潜力尚未得到充分挖掘。在全世界范围内，虽然20%的邮局拥有宽带连接，但仅有10%的邮局向公众提供互联网接入。据国际电联在联合国的姊妹机构万国邮政联盟称，如将提供公共互联网服务的邮局比例提高到45%，则全球三分之一农村地区和城镇可实现互联网连接。

《2014年衡量信息社会报告》同时还发出警告，即便在世界上最富有的国家，ICT发展方面的城乡鸿沟亦在不断加深。日本和韩国等高度发达经济体的城乡差异最小，这些国家城市地区的家庭互联网普及率仅比农村地区高4%。但是在哥伦比亚和摩洛哥等发展中国家该差距明显加大，甚至可达35%，预计在更为贫穷的国家差距更甚，但那里的数据几乎无从获取。该报告指出，总体而言，农村互联网接入的增长远逊于城镇，因而农村家庭的宽带互联网连接应始终是各国决策者的头等大事。

在市场竞争和价格可承受性方面，宽带价格继续走低。2008～2013这五年间，全球入门级固定宽带的价格下降了70%。同期，标准入门级宽带网速从256kbps提升至1Mbps。其中，发展中国家的价格降幅最大，平均价格呈每年递降20%的趋势。但报告确认，大多数发展中国家的固定宽带签约费用仍超出了联合国宽带数字发展委员会制定的价格可承受性目标，即人均国民总收入的5%。该报告亦发现，发达国家移动宽带的价格可承受性比发展中国家高出六倍。

报告将市场竞争和最佳ICT监管做法视为提供价格可承受的ICT服务的关键驱动力；报告中采用的最新分析显示，若能改善发展中国家的竞争和监管框架，则固定宽带的价格最多可降低10%。

有关收入差距的最新分析显示，各国在家庭收入和支出方面的差距在很大程度上影响着固定宽带服务的价格可承受性。这方面差距最小的是冰岛，20%最富裕人口的入门级固定宽带价格的可承受性仅是20%最贫困人口的3.5倍。而在天平的另一端，玻利维亚、巴西、哥伦比亚、洪都拉斯和南非等国，20%最富裕人口与20%最贫困人口的情况相比，价格可承受性差距达20倍以上。

今年的报告特别关注ICT设备和应用如何发挥“大数据”的潜能，改善医疗卫生、教育和环境管理等公共服务，随着人类活动数字化水平的提升，从海量分散来源采集并分析数据已成为可能。人们已将ICT服务业领域的大数据用于对公共政策的大规模全面剖析，例如建立收入水平差距方面的对应关系。将来，大数据采集还将通过分析为衡量信息社会提供宝贵信息，例如，利用移动签约数据提供移动特征资料并了解不同种类服务的使用情况。国际电联正与联合国统计委员会（UNSC）和各国国家统计局协作，确定如何利用大数据完善制定社会经济政策的方法。

附表3　"2014年ICT发展指数"（IDI）排名

排名	国家/经济体	得分	排名	国家/经济体	得分
1	丹麦	8.86	31	斯洛文尼亚	7.13
2	韩国	8.85	32	阿拉伯联合酋长国	7.03
3	瑞典	8.67	33	拉脱维亚	7.03
4	冰岛	8.64	34	卡塔尔	7.01
5	英国	8.50	35	巴巴多斯	6.95
6	挪威	8.39	36	意大利	6.94
7	荷兰	8.38	37	克罗地亚	6.90
8	芬兰	8.31	38	白俄罗斯	6.89
9	中国香港	8.28	39	希腊	6.85
10	卢森堡	8.26	40	立陶宛	6.74
11	日本	8.22	41	捷克共和国	6.72
12	澳大利亚	8.18	42	俄罗斯联邦	6.70
13	瑞士	8.11	43	葡萄牙	6.67
14	美国	8.02	44	波兰	6.60
15	摩纳哥	7.93	45	斯洛伐克	6.58
16	新加坡	7.90	46	匈牙利	6.52
17	德国	7.90	47	沙特阿拉伯	6.36
18	法国	7.87	48	乌拉圭	6.32
19	新西兰	7.82	49	保加利亚	6.31
20	安道尔	7.73	50	塞尔维亚	6.24
21	爱沙尼亚	7.68	51	塞浦路斯	6.11
22	中国澳门	7.66	52	阿曼	6.10
23	加拿大	7.62	53	哈萨克斯坦	6.08
24	奥地利	7.62	54	圣基茨和尼维斯	6.01
25	比利时	7.57	55	哥斯达黎加	5.92
26	爱尔兰	7.57	56	智利	5.92
27	巴林	7.40	57	安提瓜和巴布达	5.89
28	西班牙	7.38	58	罗马尼亚	5.83
29	以色列	7.29	59	阿根廷	5.80
30	马耳他	7.25	60	马其顿	5.77

续表

排名	国家/经济体	得分	排名	国家/经济体	得分
61	摩尔多瓦	5.72	91	斐济	4.40
62	黎巴嫩	5.71	92	蒙古	4.32
63	黑山共和国	5.67	93	佛得角	4.30
64	阿塞拜疆	5.65	94	伊朗	4.29
65	巴西	5.50	95	墨西哥	4.29
66	文莱	5.43	96	摩洛哥	4.27
67	特立尼达和多巴哥	5.29	97	牙买加	4.26
68	土耳其	5.29	98	苏里南	4.26
69	波斯尼亚和黑塞哥维那	5.23	99	突尼斯	4.23
70	毛里求斯	5.22	100	巴勒斯坦	4.16
71	马来西亚	5.20	101	越南	4.09
72	圣文森特和格林纳丁斯	5.17	102	多米尼加共和国	4.06
73	乌克兰	5.15	103	菲律宾	4.02
74	亚美尼亚	5.08	104	博茨瓦纳	4.01
75	塞舌尔	4.97	105	秘鲁	4.00
76	格林纳达	4.96	106	印尼	3.83
77	哥伦比亚	4.95	107	玻利维亚	3.78
78	格鲁吉亚	4.86	108	吉尔吉斯斯坦	3.78
79	圣卢西亚	4.81	109	巴拉圭	3.71
80	委内瑞拉	4.81	110	萨尔瓦多	3.61
81	泰国	4.76	111	圭亚那	3.48
82	巴拿马	4.75	112	叙利亚	3.46
83	多米尼加	4.72	113	加纳	3.46
84	阿尔巴尼亚	4.72	114	阿尔及利亚	3.42
85	马尔代夫	4.71	115	乌兹别克斯坦	3.40
86	中国	4.64	116	斯里兰卡	3.36
87	约旦	4.62	117	纳米比亚	3.24
88	厄瓜多尔	4.56	118	危地马拉	3.20
89	埃及	4.45	119	洪都拉斯	3.18
90	南非	4.42	120	尼加拉瓜	2.96

续表

排名	国家/经济体	得分	排名	国家/经济体	得分
121	津巴布韦	2.89	144	赞比亚	2.02
122	苏丹	2.88	145	孟加拉国	1.97
123	不丹	2.85	146	乌干达	1.94
124	肯尼亚	2.79	147	毛里塔尼亚	1.91
125	古巴	2.77	148	卢旺达	1.86
126	加蓬	2.66	149	贝宁	1.84
127	柬埔寨	2.61	150	缅甸	1.82
128	斯威士兰	2.60	151	科特迪瓦	1.80
129	印度	2.53	152	坦桑尼亚	1.76
130	塞内加尔	2.46	153	利比里亚	1.70
131	尼泊尔	2.37	154	几内亚比绍	1.67
132	莱索托	2.36	155	阿富汗	1.67
133	尼日利亚	2.35	156	布基纳法索	1.56
134	老挝	2.35	157	刚果(金)	1.56
135	冈比亚	2.31	158	马拉维	1.52
136	所罗门群岛	2.29	159	莫桑比克	1.52
137	刚果(布)	2.24	160	马达加斯加	1.42
138	也门	2.18	161	几内亚	1.42
139	安哥拉	2.17	162	埃塞俄比亚	1.31
140	喀麦隆	2.10	163	厄立特里亚	1.20
141	吉布提	2.08	164	乍得	1.11
142	巴基斯坦	2.05	165	尼日尔	1.03
143	马里	2.04	166	中非共和国	0.96

B.13

参考文献

1.《联合国 2014 年电子政务调查报告》，联合国经济和社会事务部。

2.《IT 国际快讯》，工业和信息化部国际经济技术合作中心，http：//www. cietc. org/news. asp？ id = 19。

3. Global Competitiveness Report，2011 – 2012（WEF，2011）。

4. Facts Figures 2011. pdf（ITU，2011）。

5. 世界银行官方网站（http：//www. worldbank. org/）。

6. 国际电联网站（http：//www. itu. int）。

7. 经合组织网站（http：//www. oecd. org）。

8. 联合国宽带委员会网站（http：//www. broadbandcommission. org）。

9. 美国白宫网站（http：//www. whitehouse. gov）。

10. 美国国土安全部网站（http：//www. dhs. gov）。

11. 美国国家科学基金会（http：//www. nsf. gov）。

12. 美国国家标准技术研究院网站（http：//www. nist. gov）。

13. 欧盟网站（http：//www. europa. eu）。

14. 欧盟信息化基础设施咨询工作组（http：//www. e – irg. eu）。

15. 欧洲网络与信息安全局（http：//www. enisa. europa. eu）。

16. 德国联邦经济技术部（http：//www. bmwi. ed）。

17. 英国联合信息系统委员会（http：//www. jisc. ac. uk）。

18. 加拿大工业部网站（http：//www. ic. gov. gc. ca）。

19. 澳大利亚宽带、通信与数字经济部（http：//www. dbcde. gov. au）。

20. 澳大利亚通信和媒体局（http：//www. acma. gov. au）。

21. 日本经济产业省网站（http：//www. meti. go. jp）。

22. 日本首相官邸网站（http：//www. kantei. go. jp）。
23. 日本IT战略本部网站（http：//www. kantei. go. jp）。
24. 韩国知识经济部（http：//www. mke. go. kr）。
25. 新加坡新闻、通信及艺术部网站（http：//app. mica. gov. sg）。
26. 新加坡资讯通信发展管理局（http：//www. ida. gov. sg）。
27. 印度电信管理局（http：//www. trai. gov. in）。
28. 印度通信与信息技术部（http：//goidirectory. nic. in）。
29. 巴西政府网（http：//www. brazil. gov. br/）。
30. 华盛顿邮报（http：//www. washingtonpost. com）。
31. 新华网（http：//www. xinhuanet. com）。
32. 纽约时报（http：//www. nytimes. com）。
33. 韩国在线（http：//www. korea. net）。
34. 泰晤士报（http：//www. the - times. co. uk）。
35. 法国中文网（http：//www. cnfrance. com）。
36. 联合早报（http：//www. zaobao. com）。
37. 51CTO网（http：//www. 51cto. com）。
38. 世界报（http：//epaper. anhuinews. com/sjb. aspx）。
39. 世界高性能计算新闻和信息网站（http：//www. hpcwire. com）。
40. 中国新闻网（http：//www. chinanews. com. cn）。
41. 中国工业和信息化部网站（http：//www. miit. gov. cn）。
42. 中国信息产业网（http：//www. cnii. com. cn）。
43. 中国国际贸易促进委员会网站（http：//www. ccpit. org）。
44. 中国政务信息化网（http：//www. chinaeg. gov. cn）。
45. 中国电子政务资讯网（http：//www. cegov. cn）。
46. 中国知网（http：//www. cnki. net）。
47. 德国工业4.0平台：http：//www. plattform - i40. de/。
48. 工业4.0工作组最终报告——《保障德国制造业的未来——关于

实施工业4.0战略的建议》，工业和信息化部国际经济技术合作中心编译，2013年10月。

49. 工经网—工经论坛：http：//www. iereview. com. cn/article/index. aspx? cate_ id =1。

50.《工业4.0（即将来袭的第四次工业革命)》，机械工业出版社，2014。

51.《工业4.0：生产、自动化和物流》，电子工业出版社，2015。

52.《关于加快推进信息化与工业化深度融合的若干意见》，2011。

53.《信息化和工业化深度融合专项行动计划（2013 ~2018 年)》，2013。

54. 工业和信息化部：《工业企业信息化和工业化融合评估规范》(GB/T23020 -2013)，2014。

55. 工业和信息化部：《信息化和工业化融合管理体系要求》，2014。

56. 苗圩：《推进信息化和工业化融合 打造中国制造业升级版》，在2014智能制造国际会议上的主旨报告，2014年5月7日。

57. 安筱鹏：《工业4.0：为什么？是什么？如何看？怎么干?》，2014。

皮书起源

“皮书”起源于十七、十八世纪的英国，主要指官方或社会组织正式发表的重要文件或报告，多以“白皮书”命名。在中国，“皮书”这一概念被社会广泛接受，并被成功运作、发展成为一种全新的出版型态，则源于中国社会科学院社会科学文献出版社。

皮书定义

皮书是对中国与世界发展状况和热点问题进行年度监测，以专业的角度、专家的视野和实证研究方法，针对某一领域或区域现状与发展态势展开分析和预测，具备权威性、前沿性、原创性、实证性、时效性等特点的连续性公开出版物，由一系列权威研究报告组成。皮书系列是社会科学文献出版社编辑出版的蓝皮书、绿皮书、黄皮书等的统称。

皮书作者

皮书系列的作者以中国社会科学院、著名高校、地方社会科学院的研究人员为主，多为国内一流研究机构的权威专家学者，他们的看法和观点代表了学界对中国与世界的现实和未来最高水平的解读与分析。

皮书荣誉

皮书系列已成为社会科学文献出版社的著名图书品牌和中国社会科学院的知名学术品牌。2011 年，皮书系列正式列入“十二五”国家重点图书出版规划项目；2012~2014 年，重点皮书列入中国社会科学院承担的国家哲学社会科学创新工程项目；2015 年，41 种院外皮书使用“中国社会科学院创新工程学术出版项目”标识。

法律声明